글쓴이
마이클 드리스콜은 펭귄출판사(Penguin USA), 블랙 도그 앤드 레벤셜(Black Dog & Leventhal)
출판사 및, 쿼토 그룹(Quarto Group) 출판사에서 편집장을 역임하였습니다.
또한 로이터 통신, 연합 뉴스, LA 위클리, 뉴욕 데일 뉴스(New York Daily News)로부터,
출판물에 크게 기여한 기자 및 편집자에게 수여하는 상을 수상한 바 있습니다.
드리스콜은 '아이들을 위한 시 입문'의 저자이자 성인 및 아동을 위한 각종 출판물의 편집자로 일하기도 하였습니다.
텍사스 출신으로 현재 뉴욕에 거주하고 있습니다.

그린이
메레디스 해밀턴은 브라운 대를 졸업하고 비주얼 아트 학교(The School of Visual Arts)를
수료하였습니다. 뉴스위크와 타임 지에서 미술을 담당하였고, '오케스트라 이야기', '아이들을 위한 시 입문' 등,
여러 도서에 삽화를 그렸습니다. 그녀의 작품은 잡지나 애니메이션에서도 찾아볼 수 있습니다.
현재 남편과 세 아이와 함께 뉴욕 브루클린에 거주하고 있습니다.

초등학생에게 들려주는 밤하늘 이야기
아빠! 별이 뭐예요?

2017년 4월 5일 초판 1쇄

글 | 마이클 드리스콜
그림 | 메레디스 해밀턴
마케팅 | 이희경, 김경진
펴낸이 | 박형준
편집책임 | 안성철
펴낸곳 | 도서출판 거인
북디자인 | 박윤선
주소 | 서울시 마포구 와우산로 48 로하스타워 803호
전화 (02)715-6857 | 팩스 (02)715-6858
출판등록 | 제 2002-000121호

A CHILD'S INTRODUCTION TO THE NIGHT SKY
by Michael Driscoll(Text), & Meredith Hamilton(Illustrations)
Copyright ⓒ 2004 Black Dog & Leventhal Publishers

All rights reserved.
Korean Translation Copyright ⓒ 2005 by Giant publishing Co.
The Korean Edition was published by arrangement with Black Dog & Leventhal
Publishers through Literary Agency Amo, Seoul, KOREA

이 책의 한국어판 저작권은 아모에이전시를 통한 Black Dog & Leventhal Publishers와의
독점 계약으로 도서출판 거인에 있습니다. 신저작권법에 의하여 한국 내에서 보호를 받는
저작물이므로 무단 전재나 복제를 금합니다.

초등학생에게 들려주는 밤하늘 이야기

아빠! 별이 뭐예요?

글 마이클 드리스콜
그림 메레디스 해밀턴
번역 김세은

거인

차례

놀랍고 신비한 우주에 오신 것을 환영합니다! ★ 9
밤하늘의 경이로운 모습들 ★ 10

하늘에서는 무슨 일이 일어나고 있을까? ★ 15
우리는 무엇을 볼 수 있을까요? ★ 16
　불타는 대장 별, 태양(Sun) ★ 22
　행성(Planets) ★ 24
　기타 덩어리들, 그리고 날아다니는 물체들 ★ 46
　은하계(Galaxy) ★ 50

우리가 볼 수 없는 것들 ★ 52

그곳에 무슨 일이 일어나고 있을까? ★ 55

우주 비행사와 천문학자는 무슨 일을 할까? ★ 56

여러분이 할 수 있는 것은 무엇일까? ★ 64

밤하늘의 별자리 ★ 66

우주의 역사 ★ 89

태양계 행성 찾아보기 ★ 92

놀랍고 신비한 우주에 오신 것을 환영합니다!

먹물을 흘린 듯 캄캄한 밤하늘을 올려다보세요. 여러분은 놀랍고 신비롭고 경이롭기까지 한 밤하늘을 보고 가장 먼저 어떤 생각을 떠올리나요? 여러분뿐만 아니라 사람들은 아주 오래 전부터 밤하늘의 신비로움에 대해 많은 궁금증을 키워 왔어요.

밤하늘에 수정처럼 반짝이는 빛은 무엇일까? 그것들은 왜 밤 동안에, 그리고 1년 내내 하늘 위에서 움직이는 것일까? 달은 하늘에서 무엇을 하고 있을까? 그리고 달은 우리가 볼 때마다 왜 모양이 달라지는 것일까? 하늘을 가르며 떨어지는 멋진 별똥별(유성)을 찾으려면 어떻게 해야 할까? 등등 밤하늘 우주에 대한 신비로움은 끝이 없을 정도랍니다.

그만큼 우주는 신비로운 베일에 싸여 우리들 가슴을 설레게 하지요. 그럼 지금부터 놀라운 우주와 천체의 세계로 모두 함께 여행을 떠나 볼까요?

밤하늘의 경이로운 모습들

넓은 밤하늘을 살펴보면 많은 의문들이 생겨날 거예요. 그런 의문들은 오랜 세월 동안, 과학자들과 천문학자들의 연구와 노력으로 상당부분 그 베일을 벗었어요. 물론 지금도 많은 과학자들이 더 많은 해답을 알아내기 위해 열심히 연구하고 있지요. 하지만 우주와 천체에 대해 알면 알수록 더 많은 궁금증들이 생겨나는 것도 사실이에요. 분명한 것은 하늘에 관한 모든 해답을 알아내려면 아주 많은 시간이 걸린다는 것이지요.

또, 우리를 둘러싼 모든 물체와 힘에 관해 많은 것들을 배우게 될 거예요. 이 물체나 힘은 우리들과 아주 가까운 곳에 있을 수도 있고, 아주 먼 곳에 있을 수도 있지요. 이 책에서는 물체와 힘의 신비로운 비밀을 밝혀낸 훌륭한 사람들에 대해서도 배우게 될 거예요. 그리고 고대인들이 하늘을 바라보면서 떠올렸던 전설 속의 괴물이나 신, 영웅에 관한 이야기도 배울 수 있답니다. 그 뿐만 아니라 우리들의 머리 위에서 일어나는 신비로운 일들에 대해서, 그리고 아직도 밝혀지지 않은 천체의 비밀에 대해서도 배우게 될 거예요.

밤하늘 여행

밤하늘에 대해서는 공부할 게 많지만 걱정할 필요는 없어요. 하나씩 차근차근 배우면 되니까요. 어려운 용어가 새롭게 등장하면 각 페이지에 나와 있는 '우주 용어 사전'을 참고하면 되지요. 또, 퀴즈! 퀴즈!를 통해 우주에 대한 상식도 배울 수 있습니다. 만일 친구들과 부모님께 우주에 대한 지식을 알려주면, 여러분은 부모님께 정말로 많은 것들을 알고 있다고 칭찬을 받을 거예요.

'훌륭한 천문학자들'에서는 하늘에 떠 있는 여러 가지 현상들을 연구한 사람들에 대한 이야기가 있어요. 여기서 '천문학(astronomy)'이라는 새로운 용어가 등장하는데, '천문(astro)'은 고대 그리스 인들이 하늘을 천당(heaven)이라고 생각했던 것에서 유래되었어요. 그리고 '학문'이라는 뜻을

지닌 '학(nomy)' 이 붙여진 말이지요. 결국 '천문학' 은 '천국에 관한 학문' 이라는 말이 될 거예요. 이렇게 그리스 어를 살펴보면 정확한 뜻을 알 수 있답니다.

지난 수천 년간 사람들은 하늘을 바라보면서 반짝이는 별들을 서로 연결해 보았어요. 그랬더니 그 모양이 사람이나 동물, 또는 물체와 비슷했지요. 낮에 하늘을 바라보면 토끼나 스쿨버스, 또는 다른 재미있는 물체들의 모양을 한 구름들을 볼 수 있지요? 옛날 사람들도 밤하늘에서 그런 모양들을 찾아냈답니다. 그리고 하늘에서 볼 수 있는 모습들을 전설 속의 신화에 맞추어 생각했지요. 그래서 오리온자리, 백조자리, 황소자리, 큰곰자리, 작은곰자리 등 별자리는 물론 각 행성들의 고유한 이름이 생겨난 거예요. 사람들은 이렇게 이름을 붙인 별들을 통해 계절의 변화나 지진, 또는 전쟁 등 지구에서 일어나는 여러 가지 일들은 전설 속의 이야기들과 관련지어 생각했답니다.

그럼, 이제부터 고개를 들어 밤하늘의 별을 찾아 보세요. 수없이 많은 별들을 보고 놀라셨다면 걱정 마세요. 이 책에서는 '별 찾아보기' 라는 란이 있는데, 여기서는 여러분이 밤하늘을 탐구할 수 있도록 도움을 줄 거예요. 또 여러분이 밤하늘에서 무엇을 주의하면서 살펴봐야 하는지를 알려 주지요.

'별자리 표' 역시 여러분에게 많은 도움을 줄 거예요. 어두운 밤, 지도 속의 별자리들을 확인하고 직접 밤하늘의 별들을 관찰해 보세요. 그러면 더 쉽게 여러분이 찾고자 하는 별자리와 별들을 찾을 수 있을 거예요.

퀴즈! 퀴즈!

1. 우주 천체와 우주에 존재하는 물체와 힘에 대한 연구를 하는 학문을 무엇이라고 할까요?

광대한 우주

여러분이 맑은 밤하늘에서 볼 수 있는, 밝게 빛나는 점들은 대부분이 별이랍니다. 그 중에는 행성도 있지요(별과 행성의 차이점은 앞으로 배우겠지만, 밤에 보면 구분하기가 어렵답니다). 별과 행성은 별똥별, 혜성, 위성 등 우리가 앞으로 배울 다른 물체들과 함께 밤하늘을 수놓고 있어요. 뿐만 아니라 우주에는 여러 종류의 먼지나 가스들도 있지요. 이러한 별, 행성, 가스, 그리고 지구와 지구에 사는 모든 생물, 또 여러분이나 나, 강아지와 고양이들도 모두 우주의 일부랍니다.

우주란 천문학자들이 상상할 수 있는 가장 큰 공간을 가리키는 말이에요. 우주는 우리가 사는 곳이고, 지구와 태양이 있고, 모든 별들의 집이면서, 우리가 아는 모든 것들을 담고 있는 공간이지요. 우주는 너무나 커서 우리 머리로는 상상조차 하기 어려울 정도랍니다. 그리고 아직 우주가 얼마나 큰지를 정확히 아는 사람도 없지요.

대부분의 천문학자들은 우주가 적어도 수십 억 마일에서 수십 억 마일을 곱한 것만큼 넓다고 생각하고 있어요. 그리고 우주의 나이는 150억 살 정도일 거라고 생각하지요.

오늘날 우리들이 우주에 관하여 알고 있는 것들을 배우기까지는 많은 시간이 걸렸어요. 초기의 천문학자들은 우주가

우리가 생각하는 우주

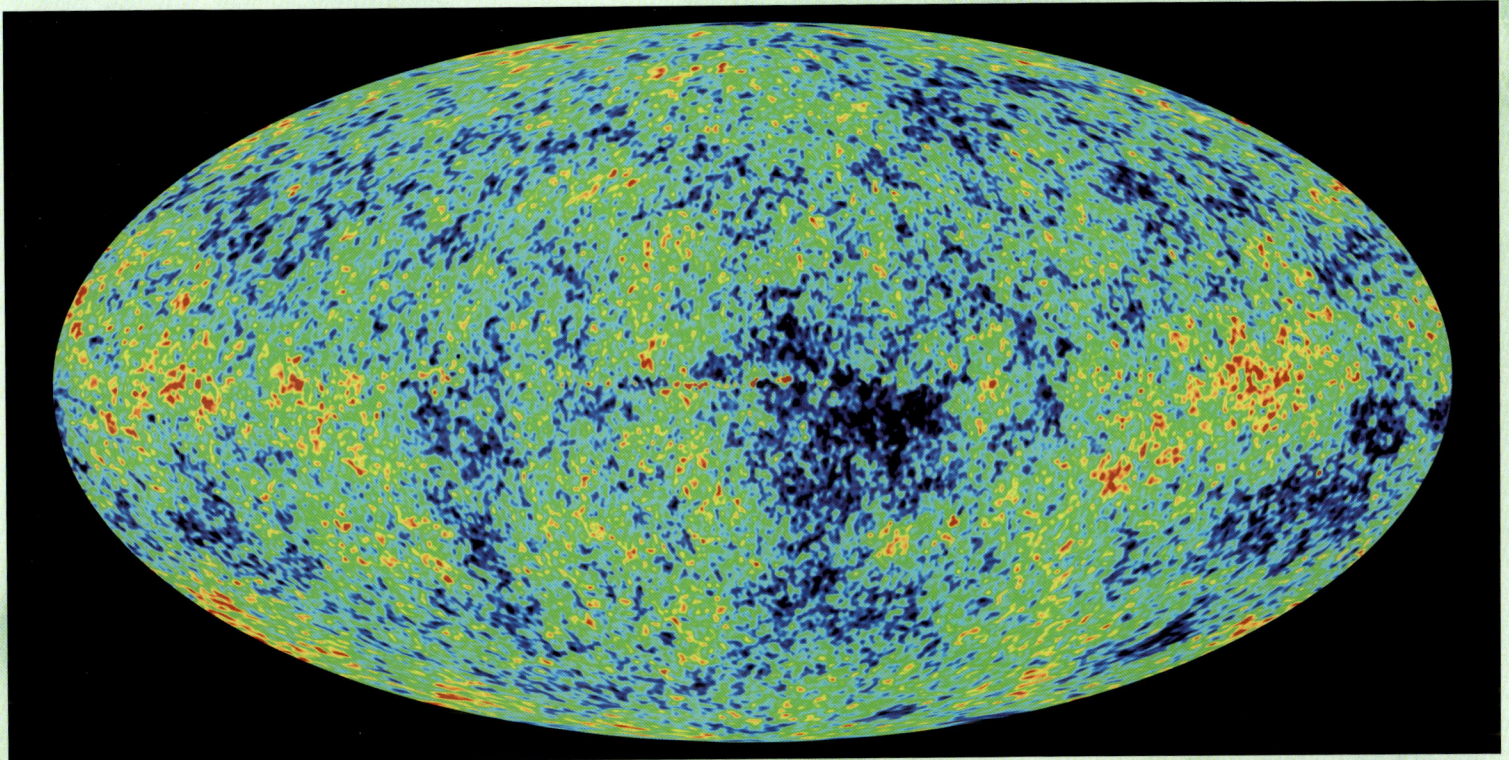

과학자들은 우주의 나이가 어릴 적에 발생한 빛을 활용하여, 이런 아기 우주의 사진을 만들어 냈습니다. 따뜻한 쪽은 붉은 색, 추운 쪽은 푸른 색으로 보입니다.

지구 밖으로 그렇게 멀리 펼쳐져 있을 것이라고는 생각하지 못했지요. 단지 태양과 행성들이 지구 주위를 돌고 있으며, 지구에서 가장 먼 행성을 지나면 가까운 곳에 또 다른 별들이 있을 거라고만 생각했답니다. 우주가 실제로는 아주 더 크다는 사실을 깨닫기까지는 수천 년이나 걸렸지요.

이제 우리 함께 우주 여행을 떠나 볼까요?

가장 먼저 우리가 알아야 할 것은 하늘 위에는 무엇이 있는가? 라는 궁금증이랍니다.

퀴즈! 퀴즈!

★★★★★★★★★★★★★★★★★★★★★★★★★★★★★★★★★
1. 천문학에서 모든 천체, 또는 모든 물질과 힘이 존재하는 매우 넓고 광대한 공간을 무엇이라고 하나요?

천재적인 천문학자들

그리스 인들이 가장 먼저 하늘에 대해 연구를 한 것으로 알려져 있지만 하늘에 대해 연구를 한 사람들은 그리스 인들뿐만이 아니었지요. 사실 중국의 천문학자들은 그리스의 천문학이 높은 수준에 이르기 수백 년 전인 기원전 1300년 경에 매우 중요한 발견을 하기도 했으니까요.

중국인들은 별들이 매년 반복되는 형태로 하늘에서 움직인다는 것과, 태양의 위치가 동일한 법칙에 따라 움직인다는 사실을 알아냈어요. 이들은 그런 정보를 이용하여 초기의 달력을 만들어냈지요. 하늘에서 얻은 정보를 기초로 지구에서 아주 유용한 것을 만들어낸 것이랍니다. 오늘날 달력이 없는 생활을 여러분은 상상할 수 있나요? 그럴 수 없을 거예요. 왜냐하면 달력이 없다면 언제 생일 축하를 해야 할지 알 수 없을 테니까요.

하늘에서는 무슨 일이 일어나고 있을까?

여러분은 별이나 행성에 대해 아주 조금밖에 모를 거예요. 그래서 먼저 별과 행성에 대한 이야기를 해 줄게요. 하지만 하늘에는 다른 것들도 많이 있다는 걸 꼭 기억하고 있어야 해요. 우리는 아주 많은 별들이 모인 은하계에 대해서도 배울 거예요. 그리고 특히 우리가 속해 있는 은하계인 우리 은하를 살펴 볼 거랍니다. 또 무엇을 배울까요? 소행성이라는 우주의 돌덩어리들, 혜성이라는 날아다니는 물체, 반짝이는 별똥별과 다른 많은 것들을 배우겠죠. 여기에 블랙홀과 신비로운 중성자별들, 중력이라는 우리가 저항할 수 없는 힘 등 눈으로 볼 수는 없지만 하늘에 있는 많은 것들에 대해서도 배울 거예요. 이렇게 차근차근 배우면서 위대한 과학자나 천문학자 들도 만나볼 수 있을 거예요. 과학자와 천문학자들은 하늘의 물체들을 관찰하고, 관찰한 것을 열심히 연구한 다음 이론을 만들어 냈답니다. 또 과학자들은 많은 실험을 통해 우리가 지금 살고 있는 지구와, 우리를 둘러싼 현상에 대해 쉽게 이해할 수 있도록 도와주었지요.

자, 그럼 별 이야기부터 시작해 볼까요?

우리는 무엇을 볼 수 있을까요?

별

밤 하늘을 유심히 관찰해 보면 수천 수만 개의 별(star)을 볼 수 있을 거예요. 하지만 그 숫자는 우리가 눈으로 추측하는 숫자에 불과하지요. 만약 우리 눈에 한계가 없다면, 수천 개가 아닌 수조 개의 별들을 볼 수 있을 거예요. 조(1,000,000,000,000)에는 무려 12개의 0이 붙어 있으니 그 수가 얼마나 많은지 상상할 수 있겠죠?

그러면 별은 무엇일까요?

큰 의미로, 별은 하늘에 떠 있는 태양, 행성, 위성 등을 모두 말하지만 천문학적으로는 태양처럼 스스로 빛을 내는 '항성'을 별이라고 해요.

스스로 빛을 낸다는 의미는 별 자체가 수소나 헬륨(그 외 칼슘이나 철 등 다른 물질도 있지만 그 양은 적어요.) 같은 가스들이 모여 폭발을 일으키는 커다란 불덩어리라는 뜻이기도 하지요. 이러한 별들은 수백 만, 혹은 수천 만 년 동안 폭발과 함께 타오르는데, 이 때 우리가 별의 존재를 확인할 수 있는 빛을 내뿜는답니다. 어떤 별들은 타오르는 시간이 일 년 정도 되는 별들도 있지요(어떤 별은 다른 별들보다 왜 오래 타는 걸까요? 알고 싶다면 이 책을 계속 읽어보세요!).

별의 탄생과 소멸

여러분이 생각하는 것처럼 별들은(지구와 가장 가까운 별인 태양도) 가스를 계속 태우기 때문에 매우 뜨거워요. 오랜 시간이 지나서 이 가스가 다 타버리면, 자동차가 연료가 다 떨어져서 털털거리다 멈추는 것처럼, 별도 서서히 죽어 가지요. 물론 그렇게 되기까지에는 많은 시간과 여러 단계를 거친답니다.

원시성 (proto star) 갈색 왜성 (brown dwarf) 청색 거성 (blue giant) 적색 왜성 (red dwarf)

★ 별로 발전하고 있는 초기 별들을 원시성(proto star)이라고 해요. 이 단계의 별은 아직 타오르거나 빛을 내지는 않지만, 먼지와 가스가 모이면서 천천히 무거워진답니다. 진짜 별이 막 태어나려는 순간이지요.

원시성(proto star)

★ 별이 충분한 물질을 모으고 이 물질들이 내부에서 단단히 뭉쳐져 폭발을 일으키면 빛을 내기 시작해요. 우리가 알고 있는 진짜 별이 되는 것이지요. 이 단계에 이르지 못하는 별을 갈색 왜성(brown dwarf)이라고 하는데, 이 불쌍한 별들은 반짝반짝 빛나지 못 하고 검은 먼지와 가스 덩어리인 채로 남게 된답니다.

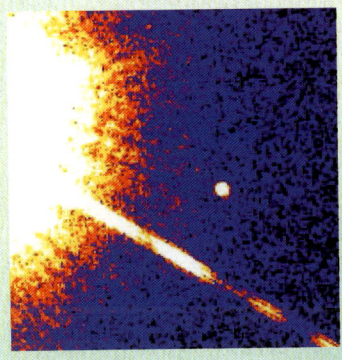
갈색 왜성 또는, 갈색 난장이별 (brown dwarf)

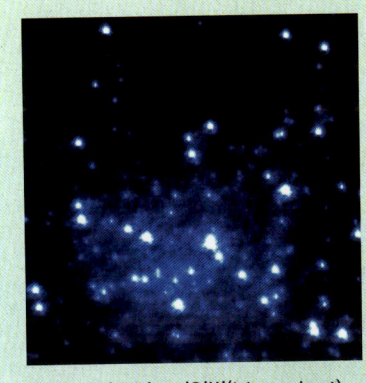
청색 거성, 또는 거인별(blue giant)

★ 별은 나이가 들면서 크기가 커지지만 별빛은 점차 줄어들어요. 이 단계에 있는 별들을 거성(giant)이라고 하지요. 또 일생 동안 가장 뜨겁고 밝은 빛을 내는 별을 청색 거성(blue giant)이라고 부르는데, 이 시기의 별은 타는 속도가 가장 빠르지만 수 백만 년 정도밖에 지속되지 않는답니다.

초거성 (super giant)

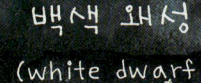
백색 왜성 (white dwarf)

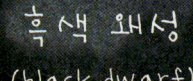
흑색 왜성 (black dwarf)

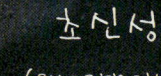
초신성 (supernova)

★ 초거성(super giant)이라고 부르는 가장 큰 별은 태양의 1,000배까지 커질 수 있어요.

★ 어떤 별들은 완전히 타버리기 전에 크기가 줄어들면서 백색 왜성(white dwarf)으로 변하기도 해요. 연료가 완전히 떨어지면 백색 왜성에서 흑색 왜성(black dwarf)으로 변하지요.

백색 왜성이 형성되는 모습

★ 크기가 큰 별들은 일생의 마지막도 매우 화려해요. 왜성으로 줄어드는 대신 폭발하면서 초신성(supernova)이 되지요. 이처럼 멋진 대폭발은 보통 몇 주 동안이나 계속되는데, 자주 일어나지는 않아요.

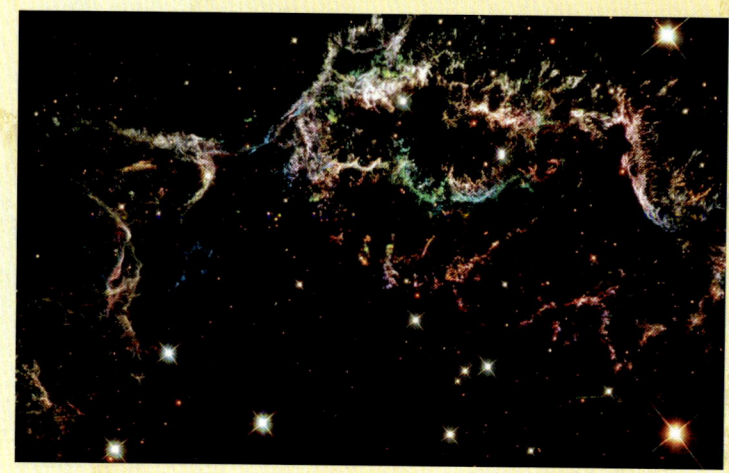

초신성의 가스 찌꺼기들

두 개의 별인데, 하나처럼 보이잖아!

별의 매력

두 개의 자전거 앞뒤 바퀴처럼, 두 개의 별이 서로의 인력 때문에 공통의 무게 중심 주위를 일정한 주기로 공전하고 있는 항성을 쌍성이라고 해요. 쌍성은 망원경으로 관찰할 수 있는 안시쌍성과 커다란 망원경으로도 식별을 할 수 없는 분광쌍성, 식쌍성으로 나뉘지요. 눈으로 식별할 수 없는 쌍성들은 그 별의 스펙트럼을 이용해 두 개의 별이라는 것을 식별할 수 있는데, 페르세우스자리 베타인 알골(Algol)이 대표적이랍니다.

밤하늘의 학자들

하늘의 별과 물체들을 연구하는 사람들을 천문학자라고 해요. 최초의 천문학자들은 수천 년 전 밤하늘에 떠 있는 무수한 별들을 관찰하던 사람들이지요. 이 초기의 천문학자들

은 지금처럼 망원경으로 밤하늘의 별을 관찰하고 연구한 것이 아니라 자신들의 눈과 머리로 많은 것들을 알아냈어요. 별들이 드넓은 밤하늘을 가로지르며 움직인다는 것과 계절에 따라 위치를 바꾼다는 사실도 알아냈지요. 이들은 또한 태양과 달의 움직임도 유심히 관찰하였고, 그것을 생활에 이용하기도 했답니다.

5천 년 전의 고대 유럽인들은 커다란 돌 건축물을 세워 별의 움직임을 관찰하였는데, '스톤 헨지'라는 건축물은 지금도 영국에 남아 있어요. 지구 반대편으로 가 보면, 중남미 지역의 마야인들이 세운 피라미드 모양의 건축물도 볼 수 있지요. 중국인 역시 별을 관찰하였는데, 기원전 350년 경 중국의 천문학자인 시센은 최초의 책이라고 할 수 있는 800여 개의 별에 대한 정보를 담은 문서를 남겼답니다. 그 외 이집트나 기타 지역의 천문학자들도 별을 관찰하고 연구했다는 기록이 남아 있어요. 그 중에서도 그리스인들은 수천 년 동안 천문학 연구에 가장 앞장섰다고 할 수 있지요. 히파르쿠스, 아리스타르쿠스, 에라토스테네스 등 발음하기도 어려운 이름을 가진 그리스의 학자들은 자신들이 관찰한 기록을 토대로 지구의 크기, 지구에서 태양과 달까지의 거리, 하늘에 있

별이야기

여러분이 이해하지 못하는 것들을 설명하기 위해 많은 이야기가 전해지고 있어요. 하늘의 해와 달, 밤하늘의 별들에 대한 이야기도 마찬가지지요. 그러한 이야기는 수천 년 동안 사람들의 입에서 입으로 전해져 내려오고 있는데, 특히 해가 생겨나고 밤하늘 별이 어떻게 하늘을 수놓게 되었는지를 설명하는 이야기 중에는 정말로 환상적인 이야기들이 많답니다.

북서 태평양 지역의 미국 인디언들은 최초의 하늘이 검은색이었다고 믿었어요. 그들의 이야기에 따르면, '하늘 위를 걷는 자'라는 이름의 한 젊은이가 나무로 된 가면을 쓰고 하늘을 여행하고 다녔는데, 어느 날 자신의 가면을 불태웠다고 해요. 그 불태운 가면이 지금의 빛나는 태양이 되었다는 이야기지요. 또, 하늘 위를 걷는 자는 밤에는 지평선(하늘과 땅이 만나는 상상 속의 선) 아래에서 잠이 들었으며, 그가 코를 골 때 그의 가면에서 튀어나온 불꽃이 하늘의 별이 되었다고 전해진답니다. 그 별들이 지금도 하늘을 밝히고 있다고 믿지요.

는 다른 물체들과의 거리 등을 추산해 보았답니다. 비록 현재의 기록과는 다소 차이가 나지만 말이에요.

한편, 서기 1,000년 경에 페르시아의 '알 수피'라는 천문학자는 처음으로 우리 은하 이외의 다른 은하계를 발견했어요. 바로 안드로메다 은하였지요.

그로부터 500년이 더 흐른 후, 유럽의 과학자들은 지금 생각해 본다면 아주 쉽고 당연한

우주 용어 사전

별 하늘에서 빛나는 항성, 행성, 위성, 혜성 등의 총칭. 천문학에서는 태양처럼 스스로 빛을 내는 항성.

원시별 항성의 진화 단계에서 가스와 먼지들이 모이는 과정에 있는 천체.

청색 거성 항성 진화 단계에서 중간 정도에 이른 별로 아주 뜨겁고 밝은 천체.

황색 왜성 평균 온도와 평균 크기를 가진 천체로 진화 단계의 중간 정도에 속함.

백색 왜성 항성 진화의 마지막 단계의 후반기에 있는 천체로 빛을 내고 있지만 크기가 점점 줄어들면서 빛도 약한 별.

흑색 왜성 백색 왜성이 연료를 다 태우고 탄소만 남은 차가운 천체.

초신성 항성 진화의 마지막 단계에 이른 별이 폭발하면서 생기는 엄청난 에너지를 순간적으로 방출하여 그 밝기가 평소의 수억 배에 이르렀다가 서서히 죽어 가는 별. 초신성의 중심에는 중성자별이나 블랙홀이 형성되는 것으로 추측되어진다.

궤도 행성 등의 물체가 별과 같은 다른 물체의 주변을 따라 도는 길. 지구는 약 365일마다 한 번 태양 주변의 궤도를 돈다.

퀴즈! 퀴즈!

1. 항성(별)처럼 빛을 낼 수 있는 정도의 충분한 가스와 먼지를 모으지 못한 천체로 외형적으로는 질량이 큰 행성처럼 보이는 것은 무엇일까요?

   정답: 갈색왜성

2. 지름이 태양의 수십 배에서 수천 배가 되는, 온도가 낮고 빛이 희미한 천체는 무엇일까요?

   정답: 적색 거성

3. 적색 거성 중 가장 큰 항성으로, 반지름이 태양의 100배 이상 되는 커다란 항성을 무엇이라고 할까요?

   정답: 초거성

4. 빛이 진공 속을 1년 동안 움직이는 거리를 무엇이라고 할까요? 또, 빛이 1초 동안에 움직이는 거리는 얼마나 될까요?

   정답: 광년, 약 30만 킬로미터

문제로 골머리를 앓았어요. 그것은 태양과 다른 행성들이 지구 둘레를 도는 것이냐, 아니면 지구와 다른 행성들이 태양의 주변을 도는 것이냐 하는 문제였지요. 그 당시 대부분의 사람들은 지구가 우주의 중심이라고 믿어 왔거든요. 하지만 몇몇 현명한 학자들은 태양이 모든 행성의 중심에 있다는 진보적인 생각을 품었어요. 그리고 이러한 주장은 학자들로 하여금 태양과 달, 행성들의 움직임에 관한 더 많은 연구를 하게 했고, 1600년 경 갈릴레오 갈릴레이는 망원경을 발명해 별과 우주에 대한 연구를 한 단계 더 발전시키는 계기를 만들어 주었지요.

망원경이란 렌즈를 사용하여 멀리 있는 물체를 확대하여 볼 수 있는 장치인데, 갈릴레이는 이 망원경을 이용해 수수께끼 같던 별의 신비를 하나씩 규명해 냈답니다.

오늘날 천문학자들이 사용하는 망원경의 상당수는 갈릴레오가 사용했던 기본형에서 크게 벗어나지 않은 것들이며, 이 망원경을 통해 우리는 그 동안 감춰져 있던 우주에 대한 더 많은 정보를 얻을 수 있게 되었답니다.

광년 : 거리를 나타내는 단위

아이가 태어났을 때에는 너무 작아서 센티미터 단위로 키를 재요. 그러다가 아이의 키가 크면 그보다 더 큰 단위인 미터를 사용해 키를 재지요. 아이가 소년, 소녀로 성장해 자전거를 타고 친구 집에 놀러 간다면, 그 거리를 재기 위해 더 큰 단위가 필요할 거예요. 하지만 그런 단위들조차도 잴 수 없는 크기라면 어떻게 해야 할까요? 우리가 이미 배운 것처럼 우주는 매우 광대하며, 가장 가까운 별과의 거리도 수십 억 킬로미터나 떨어져 있답니다. 그 거리를 일상의 단위로 재려면 숫자에 0을 잔뜩 써넣어야 할 거예요. 그런 이유로 천문학자들은 훨씬 더 큰 단위인 광년을 만들어 냈어요. 광년이라는 말이 어려운 이유 중의 하나는 그 이름 때문이지요. 우리는 '년' 이란 단위를 시간을 가리키는 말로 알고 있어요. 하지만 광년은 거리를 측정하는 단위랍니다. 빛이 1년 동안 움직이는 거리를 말하는 것이지요(이해가 되나요?).

여러분이 방에 들어가서 스위치를 누르면, 스위치를 누름과 동시에 불이 켜질 거예요. 그만큼 빛은 여러분이 볼 수 없을 정도로 짧은 순간에 작은 조각들로 빠르게 변하지요. 그럼 드넓은 우주에서 빛이 움직인다면 얼마 후에 우리 눈에 닿을 수 있을까요? 그걸 알려면 우선 빛이 얼마나 빠른지 알아야겠지요? 정확히 말하면 빛은 1년에 9.3조 킬로미터를 갈 수 있어요(이 거리는 태양에서 명왕성까지 750번이나 왕복할 수 있는 거리지요). 이렇게 빠른 빛도 우주는 광대하기 때문에 지구까지 도달하는 데에는 많은 시간이 걸려요. 즉, 우리가 보는 빛은 아주 오래 전에 발생한 빛이라는 뜻이지요. 예를 들어, 1광년(혹은 9.3조 킬로미터) 너머에서 빛이 빛난다면 우리는 1년 후에나 그 빛을 볼 수 있답니다. 그만큼 우주는 넓고 크다는 뜻이지요!

우리가 지금 하늘에서 보는 물체나 현상 역시 아주 먼 옛날에 일어난 일들을 보고 있는 것이랍니다.

5광년 떨어져 있는 별의 빛이 오늘 갑자기 사라진다면, 그 별빛이 사라진 것을 알기까지 무려 5년의 시간이 걸렸다는 뜻이지요.

① 지구에서 허버트가 침대 불을 켭니다.

② 4년하고 5주가 지난 후 알파 센타우루스라는 별에서 누군가 그 빛을 발견합니다.

불타는 대장 별, 태양(Sun)

낮동안에 태양은 너무 환하게 빛나기 때문에, 태양을 별이라고 생각하기는 쉽지 않아요. 그러나 태양이 별이라는 것은 틀림없는 사실이에요. 태양은 태양계 총 질량의 99%를 차지하며, 행성 및 다른 많은 천체를 지배하는 별이지요. 그럼 태양의 크기는 얼마나 될까요? 또, 얼마나 뜨거울까요?

태양의 지름은 우리가 사는 지구보다도 무려 100배 이상이나 크고, 태양의 표면 온도는 약 6,000℃, 핵 부분은 무려 1,500만℃ 정도라고 해요. 이렇게 크고 뜨거운 별이지만 다른 별들에 비해 태양은 평범한 편이지요. 이보다 훨씬 더 큰 별들도 많으니까요. 우리가 나중에 배울 스콜피오 성단의 '안타레스'라는 별은 태양보다 천 배나 크답니다. 쉽게 설명하자면, 지구가 지름 2.54cm인 작은 공이라면, 안타레스는 지름이 약 2.5km나 되는 어마어마하게 큰 공이 되는 것이지요.

천문학자들에 의하면 태양은 50억 년 동안이나 빛을 내고 있으며, 앞으로 50억 년은 더 빛날 것이라고 예상하고 있어요. 50억 년 이상이 지나면, 태양은 지금보다 훨씬 더 큰 적색 거성으로 변하고, 점차 식으면서 백색 왜성으로 변한 다음, 마지막으로는 흑색 왜성으로 변할 거예요.

천문학자들이나 우주를 연구하는 학자들은 눈을 보호하는 필터가 있는 천체 망원경이나 우주 탐사선에서 보내온 태양 자료 사진을 통해 태양을 관찰했는데, 그것을 통해 태양이 가스로 가득 찬 단순한 불덩어리가 아니라는 사실을 밝혀냈어요.

태양 표면에는 온도가 낮고 어두운 부분들, 즉 흑점이 나타났다가 사라진다(흑점 중에는 지구보다 더 큰 것도 있답니다.)는 사실과 홍염이 발견된다는 것을 알아낸 것이지요. 홍염이란 흑점에서 수십만 킬로미터까지 하늘로 솟아오른 기체 덩어리를 말해요. 태양은 매 11시간마다 그 활동이 활

퀴즈! 퀴즈!

1. 태양의 표면에 나타나는 검은 반점을 말하며, 온도가 낮고 강한 자기장을 갖고 있는 것은 무엇일까요?

   정답: 태양 흑점

2. 태양과 지구가 일직선이 되었을 때, 그 사이를 달이 지나가면서 달이 태양을 가리는 현상을 무엇이라고 할까요?

   정답: 일식

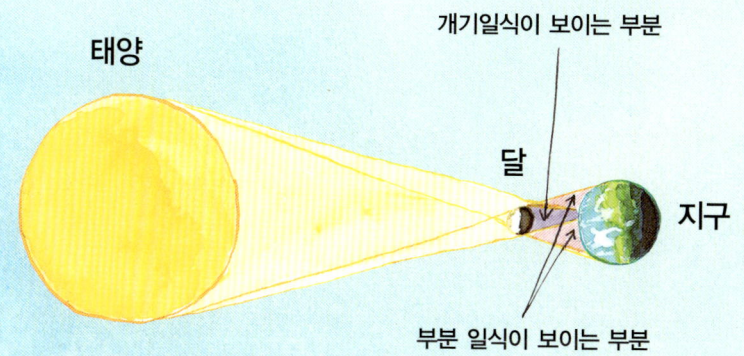

태양
개기일식이 보이는 부분
달
지구
부분 일식이 보이는 부분

하늘 관찰

매년 2~3번 정도, 지구와 달, 태양이 일직선을 이루게 되는데, 이것을 '일식'이라고 해요. 하지만 지구의 자전 때문에, 일식을 관찰할 수 있는 지역의 위치는 계속해서 바뀌지요. 여러분도 언제 어느 위치에서 일식이 찾아오는지를 알아두었다가 그것을 관찰해 보세요. 아마 굉장히 놀라운 경험이 될 테니까요. 일식을 제대로 관찰할 수 있는 방법은 여러 가지가 있어요. 만약 특수 렌즈가 부착된 성능이 뛰어난 망원경이 있다면 태양의 빛을 걸러서 볼 수 있겠지요. 이보다 더 쉬운 방법으로는 아주 어두운 색깔의 선글라스를 끼고 보는 방법도 있답니다. 이런 선글라스는 일식이 다가올 때쯤에는 쉽게 구할 수 있고, 천문학 관련 장비를 파는 곳에서도 살 수 있어요. 만약 그럴 수 없다면 구두 상자에 아주 작은 구멍을 뚫고 그 옆에 좀더 큰 구멍을 뚫어 보세요. 태양빛이 작은 구멍 쪽으로 들어와서 빛나면, 상자 안에 작은 태양이 비치는 모습을 볼 수 있답니다. 그리고 달이 그 앞으로 움직이는 모습도 볼 수 있지요.

일식은 지구의 주위를 돌던 달이 태양과 지구가 일직선상이 되었을 때 정확하게 태양과 지구 사이를 통과하면서 일어나요. 달이 태양의 앞을 지나가면서 태양 빛을 가리게 되는 것이지요. 마치 손으로 전구를 가리는 것처럼 말이에요. 상식적으로 태양이 달보다 더 크기 때문에 일어날 수 없다고 생각되겠지만 지구에서는 달이 태양보다 훨씬 더 가깝기 때문에, 달과 태양의 크기가 거의 일치해 달이 태양을 가릴 수 있는 일이 가능해지는 것이랍니다.

개기일식은 달이 태양을 완전히 가리는 현상으로 한낮에도 하늘이 컴컴해진답니다. 심지어 이때는 다른 별이나 행성을 볼 수도 있지요. 비록 달이 태양을 가리는 시간이 8분 정도에 지나지 않는다 해도 말이에요. 고대 사람들은 개기일식을 보고 너무나 두려워 용이 태양을 삼켰다거나 혹은 세상이 끝났다고 생각하기도 했답니다.

발해지는데, 이 때 흑점과 홍염의 숫자도 늘어나지요. 때로는 한 번에 100개의 흑점이 나타나기도 한답니다.

태양이 사라졌어요?

일식은 하늘에서 일어나는 가장 멋진 광경 중 하나예요. 달이 태양을 가려 주위가 컴컴해지기도 하니까요.

일식에 대한 원시인의 상상

행성(Planets)

여러분은 우리가 살고 있는 지구도 행성의 하나라는 사실은 알고 있을 거예요. 하지만 행성이 무엇으로 되어 있고 행성과 별이 어떻게 다른지 알고 있나요? 행성은 지구나 금성, 목성처럼 일정한 타원 궤도를 가지고 별(태양처럼 스스로 빛을 내는 항성)의 주변을 도는 돌, 금속, 기체 덩어리라고 할 수 있어요. 즉, 행성은 핵융합 반응에 의해 스스로 에너지를 생성하지 못 하고 빛을 낼 수 없는 물체라는 뜻이지요. 대신 행성은 태양 같은 별빛을 반사한답니다. 그래서 단순히 하늘을 보는 것만으로는 빛이 나는 물체가 별인지 행성인지는 구분할 수 없어요.

지구와 태양의 둘레를 도는 다른 행성들은 태양계의 일부이며, 우리의 이웃이에요. 태양계는 우리 은하인 은하수 내에 있지요. 태양계에서 지구와 가장 가까운 천체는 달이에요(달에 대한 정보는 뒷부분에 나와요).

그리고 지구 외에 태양 둘레를 도는 다른 행성으로는 수성(Mercury)과 금성(Venus), 화성(Mars), 목성(Jupiter), 토성(Saturn), 천왕성(Uranus), 해왕성(Neptune), 그리고 여러 소행성이 있지요.

태양에서 대략 5천 8백만 킬로미터 떨어져 있는 수성은 태양에서 가장 가까운 행성이에요. 그와 반대로 태양계에서 가장 멀리 떨어져 있는 소행성 134340(구 명왕성)은 약 59억 1천 4백만 킬로미터 떨어진 곳에 위치해 있지요.

하늘을 바라보는 사람들은 행성의 특별한 매력에 이끌려 왔어요. 행성이 태양의 둘레를 돌기 때문에, 지구에서 보면 어떤 행성들은 하늘 위의 특이한 길을 따라 움직이는 것처럼 보이기도 하지요. 초기에 하늘을 관찰하던 사람들은 하늘에 떠 있는 밝게 빛나는 점들이 특별한 힘을 갖고 있다고 여겨, 행성에 신의 이름을 붙여 주었어요. 예를 들어, 공전 주기가 가장 빠른 수성을 날개 달린 신발과 모자를 가진 로마의 신 머큐리(헤르메스)로 부른다거나 태양계에서 가장 큰 행성인 목성을 신들의 왕 주피터라고 부르는 것처럼요. 그리고 우리는 아직도 그 이름들을 그대로 사용하고 있지요.

순서를 외워 봅시다!

행성의 순서를 외우려면 다음 문장을 외워 보세요.
수금지화목토천해!

태양계 내 행성의 앞 글자만 따온 문장이랍니다. 태양에서 가까운 순서대로 되어 있지요.

목성
토성
천왕성
금성 수성
태양
지구
화성

천재적인 천문학자들

기원전 500년 경의 고대 그리스인들은 뛰어난 하늘 연구자들이었어요. 이들은 태양과 달, 그리고 하늘에 밝게 빛나는 점(다른 행성)들이 하늘 위를 가로질러서 움직인다는 사실을 알게 되었지요. 그래서 당시 그리스인들은 모든 물체들이 지구를 중심으로 돌고 있다고 생각하게 되었답니다(나중에야 그것이 잘못된 생각임을 알게 되었지요.).

서기 200년 경에 살았던 그리스의 과학자 '프톨레마이오스'는 다른 과학자들의 연구 자료를 참고하여 책을 내게 되었어요. 프톨레마이오스가 쓴 책에는 지구가 우주의 중심이며, 태양과 다른 행성들은 지구의 주위를 돈다는 내용이 담겨 있지요. 그래서 얼토당토않은 생각을 '프톨레마이오스의 우주관'이라고 하기도 한답니다.

그리스 천문학자들의 시대가 지나자 중동 지역의 학자들이 새로운 사실들을 발견해 냈어요. 이들은 이곳 저곳에서 정보를 모으고, 거기에 자신들이 발견한 것을 더하여 새로운 정보들을 만들어냈지요.

하지만 천문학 역사상 큰 변화가 찾아온 것은 1500년 경 폴란드의 천문학자인 '니콜라우스 코페르니쿠스'의 발견이었답니다. 그는 지구나 다른 행성들이 사실은 태양의 둘레를 돌고 있다고 발표한 것이지요. 코페르니쿠스는 달은 지구를 돌고 있기 때문에 정확하게 둥근 원을 그리며 돌지만, 다른 행성들은 태양을 중심으로 돌기 때문에 지구 주변을 지날 때 둥근 원 모양이 달라지는 것이라고 주장하였답니다.

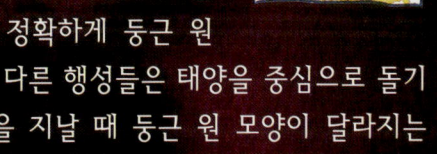

당시의 종교나 과학적인 믿음은 지구가 우주의 중심이라는 생각에 기초하고 있었어요. 이 때문에 많은 사람들이 코페르니쿠스의 새로운 생각에 전혀 귀를 기울이지 않았지요. 하지만 그가 죽고 난 후 오랜 시간이 지나서, 지구가 태양의 주위를 돈다는 그의 발견이 옳았다고 증명되었답니다.

소행성 134340(구 명왕성)

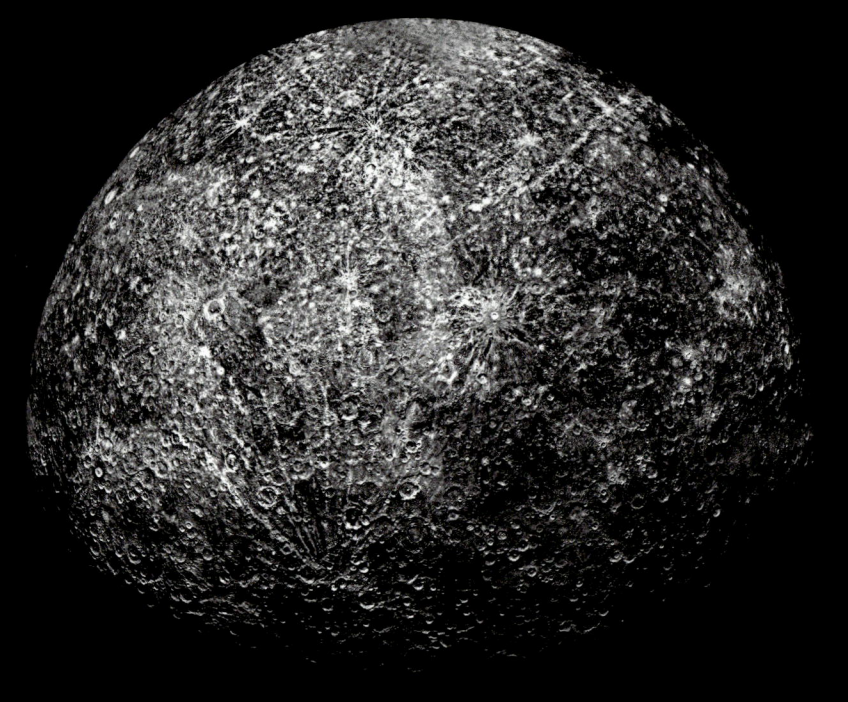

수성(Mercury)
신들의 전령

수성의 특징

지름 : 4,878km
하루의 길이(자전주기) : 58.65일
1년의 길이(공전주기) : 87.971일
위성 : 없음
표면 온도 : -170°C ~ 450°C

태양계의 행성 중에서 가장 먼저 살펴 볼 행성은 태양과 가장 가까운 곳에 위치하고 있는 수성이에요. 수성은 태양계에서 두 번째로 작은 행성이며, 수성보다 작은 행성은 명왕성뿐이지요. 또, 사람이 살기에 적합한 환경을 가지고 있는 지구와는 다르게 사람이 살 수 없답니다. 특히, 수성은 질량이 작기 때문에 인력(引力, 끄는 힘)이 약해 표면에 대기를 붙들어 둘 수 없으므로 대기층이 거의 없어요. 수성의 대기는 대부분 질소로 이루어져 있지만 그것마저 미약하고, 산소는 거의 찾아 볼 수 없지요. 우리가 수성에 대하여 알게 된 사실들은 대부분 무인 탐사 로켓을 보내 알아낸 것들이에요. 수성의 표면이 달과 비슷하다는 사실 역시 탐사 로켓에서 보내온 사진 자료를 통해 알게 된 것이지요. 수성의 표면은 달처럼 다른 물체가 날아와서 충돌하여 만들어진 크고 작은 크레이터로 덮여 있어요.

어떤 천문학자들은 수성의 중심에 철이 들어 있기 때문에, 온도가 내려가면 수성의 부피도 줄어 들 것이라고 생각하고 있지요. 그런 이유로 표면이 접히거나 주름을 갖게 되었다고 추측한답니다. 수성의 절벽이나 골짜기들을 보면 충분히 그럴 수 있다는 것을 짐작할 수 있지요. 수성은 태양에 너무 가깝기 때문에 밤에는 볼 수가 없어요. 수성이 밤하늘 높은 곳에 있을 시점에는 태양이 그 옆에 있기 때문이지요(물론 해가 떠 있는 낮에는 하늘의 별을 관측할 수 없지요). 수성을 볼 수 있는 때는 가끔씩 해가 진 직후나 떠오르기 직전,

즉 태양이 지평선 바로 아래에 있을 때예요.

그리고 수성을 가장 잘 관찰할 수 있는 시간은 수성이 태양과 가장 멀리 떨어질 때인데, 안타깝게도 우리가 사용하는 달력으로는 그 날짜를 계산할 수가 없어요. 하지만 별을 전문으로 연구하는 천문학 잡지나 웹사이트에서는 수성을 가장 잘 관찰할 수 있는 날짜를 알려 주기도 한답니다.

자전과 공전

태양계에 있는 행성들은 태양의 주위를 돌고 있는데, 이를 공전이라고 해요. 공전이란 태양계의 행성이 태양의 주위를 한 바퀴 돌아 제자리까지 오는 것을 말하지요. 또한 행성들은 공전과 함께 자전도 해요. 자전은 회전목마처럼 제자리에서 빙글빙글 도는 걸 말하지요. 옛 선조들은 달력을 처음 만들때, 한 번 자전하는 기간을 하루로 정하고, 지구가 태양을 한 번 도는 기간을 1년으로 정했답니다.

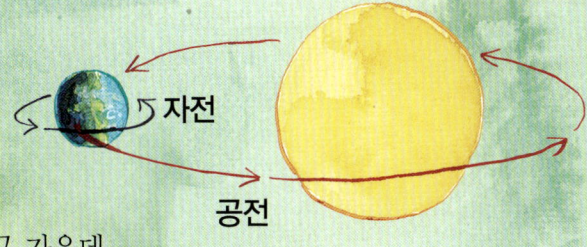

지구의 자전은 지구 가운데를 관통하는 축을 중심으로 하루에 한 번 도는 동안을 말해요. 이렇게 우리가 생각하는 시간의 기본적인 감각은, 우리가 살고 있는 지구의 자전과 공전에 의해 결정되었답니다.

수성(머큐리)이라는 명칭의 유래

수성이 태양의 둘레를 한 바퀴 도는 데는 87.971일밖에 걸리지 않아요. 먼 옛날 로마인들은 수성이 태양 주위를 빠르게 도는 것을 관찰하고는 수성을 속도의 신처럼 생각했어요. 마치 신화 속에 등장하는 속도의 신 머큐리처럼요. 머큐리는 날개 달린 모자와 신발을 신은, 신들의 전령이에요. 머큐리는 이것들을 이용해 신들에게 아주 빠르고 신속하게 소식을 전달해 주었답니다. 그래서 수성을 머큐리(Mercury)라고 부르게 된 것이지요.

 **우주 용어 사전**

대기 지구 중력에 의해 지구 주위를 둘러싸고 있는 기체.
축 지구의 북극에서 남극까지 중앙을 관통하는 보이지 않는 선을 말하며, 지구 축은 정북으로부터 동으로 30°를 중심으로 한 좌우 15°정도 기울어져 있다. 지구는 이 축을 중심으로 자전함.

퀴즈! 퀴즈!
1. 달과 같은 위성이나 화성 같은 행성 표면에 우주의 물체가 날아와 충돌 후 생겨난 크고 작은 구멍들을 무엇이라고 할까요?
   터에이크
2. 어떤 천체가 다른 천체 주위를 도는 걸 말하며, 태양계 안의 지구나 다른 행성들이 태양을 중심으로 도는 것을 무엇이라고 할까요?
   공운
3. 천체, 혹은 지구가 그 자신의 가운데 회전축을 중심으로 회전하는 운동을 무엇이라고 할까요?
   전사

금성(Venus)
지구의 여동생

금성의 특징
지름 : 12,112km
하루의 길이(자전 주기) : 243일
1년의 길이(공전 주기) : 225일
위성: 없음
표면 온도: 470°C

성은 수성보다 지구에 가깝지만 그렇다고 사람이 살기에 좋은 곳은 절대 아니에요. 믿거나 말거나지만, 금성이 수성보다 더 뜨거우니까요!

사람들은 한 때 지구에서 두 번째로 가까운 별인 금성을 지구의 여동생 별이라고 생각했어요. 비교적 가까우면서도 지구와 크기가 거의 같았기 때문이지요. 하지만 그 외에는 공통점이 거의 없답니다. 금성의 대기는 두터운 구름으로 가득 차 있어서 표면이 보이지 않을 정도예요. 이 구름은 열을 가두는 역할을 하는데, 햇빛이 내리쬐는 방에 에어컨이나 선풍기도 없이 창문을 꼭꼭 닫아 놓았을 때 온도가 올라가는 것을 상상하면 쉬울 거예요.

그래서 태양까지의 거리는 금성이 수성보다 2배나 멀지만 온도는 훨씬 더 높지요. 금성의 표면에는 거대한 화산과, 많은 용암이 흐르다가 식은 후 생긴 넓은 평원들이 있답니다.

금성은 자전 속도가 아주 느려서, 하루가 1년보다 길어요. 즉 자전축을 한 번 도는 데 걸리는 시간이 태양 주위를 한 바퀴 도는 것보다 길다는 뜻이지요. 또한 특이하게도 시계 반대 방향으로 도는 다른 별들과는 달리 금성은 시계 방향으로 회전한답니다. 천문학자들은 아마도 수백만 년 전쯤 금성이 우주에 떠다니던 금속이나 바윗덩어리와 충돌한 후, 그 충격 때문에 거꾸로 돌게 되었을 것이라고 추측하고 있어요.

하늘 관찰

금성은 지구에서 볼 때 가장 밝게 보이는 별이에요.(구름이 태양 빛을 많이 반사하기 때문이에요.) 또한 금성은 공전하는 궤도가 태양과 가깝기 때문에 해가 막 지고 난 후나 뜨기 바로 직전에 관찰하기가 쉽지요. 그래서 때로 금성을 저녁별, 혹은 새벽별이라고 부른답니다.

금성(Venus)이라는 명칭의 유래

옛날에 천문학자들은 금성의 환한 빛이 특별한 아름다움을 지녔다고 생각했어요. 그래서 사랑의 여신인 비너스의 이름을 따서 비너스라는 명칭을 부여했지요. 또한 천문학자들은 금성의 표면에서 발견할 수 있는 거의 대부분의 물체들에 대해 여성의 이름을 붙였어요. 화산에는 그리스의 위대한 시인인 사포(Sappho)의 이름을 붙였고, 어떤 지역에는 그리스의 여신인 피비(Phoebe)라는 이름을 붙이기도 하였답니다.

이집트 신화 속에 등장하는 진실의 여신의 이름을 딴 '매트 몬스' 화산에서 용암이 흘러내리는 모습.

달 너머 멀리서 빛을 내고 있는 금성.

보티첼리의 비너스의 탄생

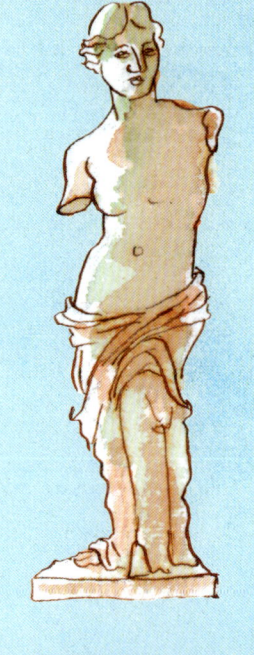

밀로의 비너스

샛별처럼 빛나는 금성

지구(Earth)
우리 집과 같은 행성

지구의 특징

지름 : 12,756km
하루의 길이(자전 주기) : 23시간 56분
1년의 길이(공전 주기) : 365.26일
위성: 1개
표면 온도 : -70°C ~ 55°C

우주와 태양계를 생각할 때, 여러분은 보통 지구는 빠뜨릴 거예요. 하지만 우리가 살고 있어서 많이 알고 있는 것뿐이지, 지구도 다른 행성들과 같은 행성이랍니다. 여러분이 잘 알고 있듯 지구의 2/3는 물로 덮여 있으며, 나머지 부분에는 사막이나 높은 산봉우리들이 차지하고 있어요. 그만큼 지구는 사람이 살기에 좋은 환경을 가지고 있지요.

지구에는 약 1백 75만 가지 이상의 생명체가 존재하는 것으로 밝혀졌으며, 매년 새로운 종류가 발견되고 있어요(어떤 과학자들은 벌레나 덤불, 박쥐, 딱정벌레 등, 총 1억 가지 이상의 생명체가 지구에 존재한다고 생각해요). 또한 지구의 대기는 인간이 호흡하는 데 필요한 산소뿐 아니라 식물이 필요로 하는 이산화탄소도 풍부하지요. 뿐만 아니라 지구의 대기는 태양의 해로운 광선은 막아 주고 빛은 통과시켜서, 우리를 따뜻하게 해 주고 하늘을 밝게 해 준답니다.

지금까지 생명체의 존재가 확인된 행성은 지구뿐이에요. 대부분의 과학자들은 그 이유를 지구에는 물이 있으며, 너

종의 다양성

무 춥지도 않고 덥지도 않은 기후 때문이라고 생각한답니다. 그와 더불어 많은 과학자들은 어딘가에, 어쩌면 다른 은하계에 생명체가 존재할 수 있는 조건을 갖춘 행성이 있을지도 모른다고 생각해요. 우주는 우리가 생각할 수 있는 것보다 훨씬 더 크고 넓기 때문에 우주 어딘가에 또다른 생명체가 있을지도 모르잖아요! 여러분은 놀라워하겠지만, 사실 지구는 완전히 둥근 모양이 아니에요. 북극에서 남극까지 세로로 본 지구의 길이는 적도(정확히 남극과 북극의 중간에 위치한, 지구의 가로 둘레를 나타내는 가상의 선)의 길이보다 짧다고 해요. 즉, 지구의 가로 길이가 세로보다 조금 길다는 것이지요. 말하자면 위에서 살짝 눌린 공 같다고 할까요?

천재적인 천문학자들

코페르니쿠스는 지구가 태양의 주위를 완벽한 원 궤도를 갖고 돈다는 사실을 발견하여 천문학의 어려운 수수께끼 하나를 해결해 냈어요. 하지만 많은 시간이 흐른 뒤, 후대의 천문학자들은 지구가 코페르니쿠스의 말처럼 완벽한 원을 그리며 돌지 않는다는 것을 밝혀냈지요.

타이코 브라헤이(Tycho Brahe)는 16세기 덴마크의 천문학자예요. 당시 많은 천문학자들과 마찬가지로 그 역시 태양이 지구의 주위를 돈다고 믿고 있었지요. 하지만 그의 조수였던 요하네스 케플러는 브라헤이의 연구 결과를 이용하여 지구가 타원 궤도로 태양의 주위를 돌고 있다는 사실을 밝혀냈어요. 타원이란 완벽히 둥근 모양이 아닌 약간 길쭉한 모양의 원을 말하지요. 그의 연구는 사람들이 코페르니쿠스의 말이 옳다고 믿도록 하는 데 많은 도움을 주었답니다.

퀴즈! 퀴즈!

★★★★★★★★★★★★★★★★★★★★★★★★★★★★★★★

1. 지구의 자전축에 대하여 수평으로 지구의 가로 둘레를 나타내는 가상의 선을 무엇이라고 할까요?

달(Moon)
지구의 위성

달에 관한 정보

지름 : 2,476km
지구 둘레를 한 바퀴 도는 데 걸리는 시간 : 29와 1/2일
지구에서 달까지의 거리 : 38만 4,400km
표면 온도 : -120°C ~ 170°C

러분은 모두 달을 보았을 거예요. 달은 밤하늘에서 가장 찾기 쉬운 천체이고, 탐구하기에도 아주 흥미로운 곳이지요. 그러면 달의 정체는 무엇일까요? 지구나 다른 행성들이 태양의 주위를 도는 것처럼 달도 지구라는 행성의 주위를 돌아요. 이렇게 행성 주위를 도는 천체를 위성이라고 하는데, 달은 지구의 위성이지요. 지구처럼 태양계에 있는 많은 행성들도 자기 주변을 도는 위성을 가지고 있는데, 어떤 행성들은 수십여 개가 넘는 위성을 가지고 있답니다. 물론 그 위성들 역시 달처럼 제각각 다른 이름을 가지고 있지요.

달 표면은 우주를 떠다니던 바위 덩어리가 달 표면에 충돌하여 생긴 크고 작은 크레이터로 덮여 있어요. 달을 자세히 살펴보면, 특히 달의 전면이 빛나고 있을 때 보면, 여러분은 이 크레이터들을 확인할 수 있을 거예요. 만약 약간의 상상력을 발휘한다면 얼굴처럼 생긴 크레이터를 발견할 수 있을지도 몰라요. 그 이름도 유명한 '달 속의 사람'이란 크레이터를 말이죠.

달이 어떻게 지구 주위를 돌게 되었는지에 대해서는 많은 의견이 있어요. 어떤 사람들은 달이 지구와 같은 시기에 태어났다고 하고, 또 어떤 사람들은 달은 커다란 바윗덩어리인데, 지구의 주변을 떠다니다가 지구의 힘에 이끌려 지구 주위를 돌게 되었다고 말하기도 한답니다. 또 달은 지구와 충돌한 행성이 떨어져 나간 조각이라고 말하는 사람들도 있지요.

달의 변화 단계

달은 밤하늘에 보이는 예쁜 동그라미 이상의 존재라고 할 수 있어요. 지구에서 달까지의 거리는 384,400km이나 되지만, 달은 지구 환경에 적지 않은 영향을 끼치기도 하지요. 다른 물체들과 마찬가지로 달에도 중력(중력이란 그 힘이 미치는 범위 안에 있는 모든 물체들을 끌어당기는 힘을 말해요)이 있는데, 지구에 있는 바닷물이 달의 중력 때문에 달 쪽으로 쏠리면서, 바다물의 움직임, 즉 조수간만의 차가 생겨나기도 한답니다. 또한 지구를 끌어당기는 달의 힘 때문에 지구의 자전이 늦춰지기도 하지요.

과학자들은 달이 지구를 끌어당겨 속도를 늦추지 않았다면, 지구는 8시간에 한 번씩 자전을 했을 것이라고 추측하고 있어요. 그렇게 지구가 빨리 회전했다면 바람이나 바다의 밀물과 썰물이 훨씬 더 셌을 테고, 그러면 지구는 아주 살기 힘든 곳이 되었을 거예요.

월식

가끔은 달이 지구와 태양 사이에 위치하지 않고, 지구가 달과 태양 사이에서 완전히 일직선을 이루는 위치가 될 때가 있어요. 이런 일이 생기는 밤에는 지구의 그림자가 달 위로 움직이는 것을 볼 수 있지요. 이것을 월식이라고 해요. 앞에서 배운 일식만큼 장관은 아니지만, 월식도 아주 멋지고 특별한 광경인 것만은 확실해요.

월식을 보는 데에는 별다른 도구가 필요하지 않아요. 언제 월식이 일어날지만 알면, 그냥 밖에 나가서 지구의 그림자가 달 위로 지나쳐 가는 것을 구경할 수 있으니까요!

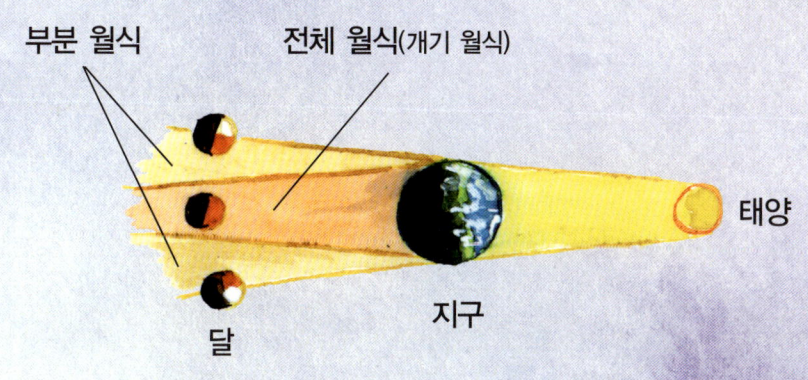

화성(Mars)
붉은 행성

화성의 특징

지름 : 6,780km
하루의 길이(자전 주기) : 지구 기준으로 24.6 시간
1년의 길이(공전 주기) : 지구 기준으로 687일
위성 : 2개
표면 온도 : -120°C ~ 30°C

만약 태양에서부터 로켓을 타고 날아온다면 지구 다음으로 만나는 행성은 화성이 될 거예요. 화성은 지구와 몇 가지의 공통점이 있지만, 차이점들이 더 많답니다. 화성에는 지구의 달보다는 작지만 두 개의 위성이 있어요. 또, 화성의 낮은 지구의 낮보다 길지요. 놀라운 사실은 화성의 북쪽에 지구의 극지방처럼 물이 얼어붙은 얼음이 발견되었다는 것이랍니다. 화성은 대기층이 아주 얇아서 많은 열이 우주로 그냥 빠져나가요. 게다가 태양까지의 거리가 아주 멀기 때문에 지구보다 아주 춥지요. 또한 대기층이 얇다보니 호흡할 수 있는 산소가 거의 없고, 태양의 해로운 광선을 대부분 그대로 흡수해 사람이 살기에는 적합하지 않답니다.

화성의 높은 곳과 낮은 곳들

아주 오래 전에 활동을 멈춘 화성의 '몬스 올림푸스'라는 화산은 태양계에서 가장 높은 화산이에요. 높이가 무려 25킬로미터나 돼 지구에서 가장 높은 에베레스트 산보다도 세 배나 높지요. 화성에는 또 '매리너리스 대계곡'이라는 협곡이 있는데, 깊이가 무려 6.5킬로미터로, 거대하다는 그랜드 캐년보다도 무려 4.8킬로미터나 더 깊답니다.

수세기 동안 사람들은 화성에 생명체가 있을지 모른다는 생각을 해 왔어요. 사실, 수십 억 년 전에 화성은 지구와 별 차이 없는 행성이었을지도 몰라요. 많은 과학자들이 화성에 강이나 얕지만 바다가 있었다는 증거를 찾았으니까요(그것이 얼마나 정확한지는 아직 규명되지는 않았답니다). 과학자들은 이처럼 화성의 물이 대기에 흡수되어 우주로 사라진 결과, 지금은 메마르고 황량한 행성으로 변한 것이라고 생각하고 있답니다. 최근에 와서 지구 주변의 행성들에 관한 관심이 높아지면서 많은 우주 탐사선들이 화성을 탐사하기 위해 떠났어요. 유럽 우주국(ESA)은 러시아 우주연구소 과학자들과 공동으로 개발한 유럽 최초의 화성 탐사선 마스 익스프레스라는 탐사선을 띄웠는데, 약 6개월 후 화성 표면의 특징을 촬영한 몇 장의 사진을 보내왔지요. 과학자들은 사진을 유심히 관찰하고 분석한 결과 그것이 물이 흐른 흔적이라고 잠정 결론을 내렸답니다. 하지만 얼마 후, 그 흔적은 빛에 의해 생겨난 그림자였다는 것을 알게 되었지요. 반면 미국은 2003년과 2004년 화성 탐사선 스피릿과 오퍼튜니티 호를 화성에 직접 착륙시켜 화성 표면을 조사하였어요. 많은 과학자들은 지금도 이 우주선들이 화성에 한 때 생명체가 존재했다는 증거를 찾아낼지도 모른다고 기대하고 있지요. 또 2004년 1월 14일 미국의 조지 부시 대통령은 언젠가는 화성에 사람을 직접 보내서 탐사를 하겠다고 발표하기도 하였답니다. 만약 여러분이 우주 비행사가 되고 싶어 한다면, 화성에 첫 발을 내딛는 최초의 인류가 될지도 모를 일이죠!

화성 표면은 녹이 슨 철물처럼 붉은색을 띠고 있어요.

화성이라는 명칭의 유래

고대 로마인들은 화성의 색깔이 붉다는 이유로 화성을 피와 연관지어 생각했어요. 그래서 전쟁의 신 이름을 따서 마르스(Mars)라고 명명하였답니다. 또한 로마의 지도자들은 마르스의 창으로 알려진 신성한 물건을 신전에 모셔두기도 하였고, 로마인들이 전쟁에 나갈 때 지도자들 중의 한 사람이 '마르스 신이시여, 깨어나소서!' 하고 외치며 이 창을 흔들었다고 하지요. 로마의 위대한 황제 시저는 마르스를 자신의 수호신이라고 여겼을 정도였다고 해요.

하늘 관찰

금성이나 수성처럼 화성도 해가 뜨기 바로 전이나 해가 진 직후에 가장 관찰하기 쉬워요. 그리고 화성은 26개월마다 지구에 가장 근접하는데, 바로 이 때가 화성을 관찰하기에 가장 좋은 때이지요. 여러분도 천문학 사이트나 잡지를 보면 이 날짜를 알 수 있답니다.

목성(Jupiter)
행성의 왕

목성의 특징

지름 : 143,884km
하루의 길이(자전 주기) : 9.8 시간
1년의 길이(공전 주기) : 지구 기준으로 11.8년
위성: 16개(소위성 포함 120개까지 발견)
표면 온도 : -150°C ~ -145°C

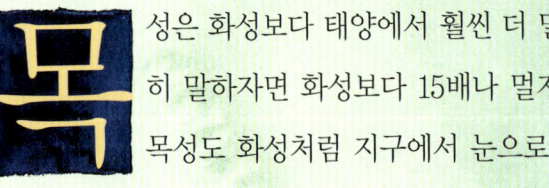성은 화성보다 태양에서 훨씬 더 멀어요. 정확히 말하자면 화성보다 15배나 멀지요. 하지만 목성도 화성처럼 지구에서 눈으로 볼 수 있어요. 왜냐하면 목성은 우리 태양계 안에 있는 다른 모든 행성들을 안에 다 담고도 남을 정도로 어마어마하게 크기 때문이지요. 하지만 크다고 해서 살기에 좋다는 뜻은 아니에요. 무엇보다 목성은 서 있을 만한 지표면이 없거든요.

목성의 내부 깊이 들어가면 핵 부분이 있기는 하지만, 표면은 가스층으로 덮여 있지요. 설령, 발을 딛고 설 표면이 있다 해도 평균 기온이 무려 영하 100°C 이상이나 돼 사람이 절대로 살아갈 수 없을 거예요. 가장 잘 알려진 목성의 특징은 바로 커다란 붉은 점(대적점)이에요. 이 점은 허리케인 같은 거대한 폭풍이에요. 이 대적점의 폭풍이 영원히 지속될 것인지는 아무도 알 수 없지만 분명한 점은 이 거센 폭풍이 지난 150년 동안 계속 몰아쳤다는 사실이지요. 망원경을 통해 최초로 목성을 관찰했던 천문학자들도 그것을 금방 발견했을 정도랍니다. 이 대적점의 크기는 계속 변하고 있는데, 현재 그 폭은 지구 지름의 4배나 된다고 해요. 목성의 재미있는 특징 중 하나는 위성이 무려 120개나 된다는 거예요(과학자들은 우리가 아직 모르는 위성이 더 있을지도 모른다고 해요). 그 중 가장 큰 4개의 위성, 가니메데(Ganymede), 칼리

목성은 많은 위성을 거느리고 있어요.

36

하늘 관찰

목성은 하늘에서 가장 밝게 빛나는 별이기 때문에(물론 태양을 빼고), 밤하늘에서 찾는 데 어렵지 않아요. 목성이 지구에 가장 가까이 접근했을 때가 관찰하기 제일 쉬운데, 2004년 3월 첫째 주가 그 때였다고 해요. 2005년에는 4월 첫째 주, 2006년에는 5월 첫째 주, 2007년에는 7월 첫째 주에 지구에 가장 가까이에 접근한답니다.

스토(Callisto), 유로파(Europa), 이오(Io)를 발견한 사람은 '갈릴레오' 라는 과학자지요. 목성의 위성 가니메데의 지름은 5,120킬로미터로 목성의 위성 중에서 가장 커요. 가니메데는 지구의 달과 마찬가지로, 바위가 많고, 춥고, 충돌에 의한 크레이터로 뒤덮여 있으며, 깊게 갈라진 틈이나 높은 계곡이 많답니다.

칼리스토에는 달과 비슷한 크레이터들이 있지만 그렇게 깊지는 않아요. 과학자들은 얼음으로 그 안이 채워져 있기 때문이라고 생각하지요. 새로 생긴 구덩이들은 다른 구덩이들보다 밝게 보이는데, 이 때문에 칼리스토는 전체적으로 얼룩덜룩하게 보인답니다. 목성의 다른 위성들처럼 유로파에도 얼음과 바위가 있지만, 얼지 않은 물이 있을 것으로 추측되고 있어요. 어떤 천문학자들은 다른 위성들의 중력 때문에 유로파의 물이 얼지 않은 게 아닐까 하고 생각한답니다. 이오는 화산이 많은 것으로 유명한데, 이 화산들은 아직도 활동 중이에요. 화산에서는 용암보다는 유황이 분사되고 있으며, 너무 양이 많아 100년마다 이오의 표면을 완전히 새로 덮을 정도랍니다.

목성의 나머지 위성들은 크기도 작고 이름도 그리스어로 되어 있어요.

목성이라는 명칭의 유래

태양계에서 가장 큰 별답게 목성은 로마 최고의 신인 주피터(Jupiter)의 이름을 갖고 있어요. 하지만 이것은 그냥 우연이었을 뿐, 로마인들은 목성이 얼마나 큰지를 몰랐다고 해요. 단지 목성이 가장 밝게 빛을 냈기 때문에 가장 위대한 신의 이름을 붙였던 것이죠.

토성(Saturn)
고리의 별

토성의 특징

지름 : 120,514km
하루의 길이(자전 주기) : 10.2시간
1년의 길이(공전 주기) : 지구 기준으로 29년
위성 : 18개(소위성 포함 33개까지 발견)
표면 온도 : -180°C

목성 다음에 우리가 발견할 수 있는 별은 그 유명한 고리의 별, 토성이에요. 이 고리는 사실 바위, 먼지, 얼음 조각들이 토성의 둘레에 띠를 이루고 있는 것이지요.

목성과 마찬가지로 토성도 주로 기체로 이루어져 있어요. 정확히 말하자면 약간의 헬륨이 섞인 수소로 되어 있지요. 그래서 여러분은 토성의 표면에 발을 딛고 설 수는 없어요.

토성은 바위와 먼지, 얼음 등으로 구성된 띠로 가장 많이 알려져 있어요. 띠 안의 물질들은 대체로 아주 작지만, 어떤 것들은 지름이 몇십 킬로미터나 되는 것들도 있으며, 모두 토성 주위를 돌고 있지요.

갈릴레오는 자신의 망원경을 사용하여 1,610년, 최초로 토성의 띠를 발견했어요. 그는 이 띠가 토성의 작은 손잡이처럼 보인다고 생각했지요. 나중에야 과학자들이 이 띠 모양이 고리 형태로 되어 있다는 것을 밝혀냈답니다. 하지만 이들은 고리가 아주 두껍고 단단할 거라고 생각했지요. 그러다가 나중에 이 회전하는 고리의 깊이가 겨우 몇 백 미터에 지나지 않는다는 사실을 밝혀냈어요.

우주에 관한 여러 가지의 의문점들과 마찬가지로, 과학자들은 이 고리가 왜 존재하는지 아직도 그 답을 찾아내지 못하고 있지요. 어떤 과학자들은 위성을 이루려고 하다가 실

 퀴즈! 퀴즈!

1. 태양계 안에 있는 행성 중에서 밀도가 가장 낮은 행성은 무엇인가요?

성토

하늘 관찰

토성의 띠를 보려면 망원경이 필요하겠지만 토성 자체는 눈으로도 볼 수 있어요. 14년마다 토성의 띠는 지구와 일직선을 이루는데, 이 때 토성과 지구가 나란히 서기 때문에 띠가 없는 보통의 행성처럼 보이지요. 바로 그 다음 해에 보면 토성의 띠를 볼 수 있답니다.

패한 것이라고 추정하기도 하며, 어떤 과학자들은 위성의 부서진 조각들이라고 말하기도 한답니다. 그러나 언젠가는 그 답을 알아내겠죠. 목성의 거대한 붉은 폭풍처럼 유명하지는 않지만, 토성에도 커다란 점이 있는데, 바로 거대한 폭풍의 흔적이랍니다.

약 30년마다 토성의 대기층에 하얀 점이 나타나곤 하는데, 과학자들은 목성에서 일어나는 것과 비슷한 거대한 폭풍 때문이라고 추측하고 있지요. 이 폭풍은 대개 몇 달 동안 지속되다가 수십 년간 모습을 나타내지 않는답니다.

토성은 모든 행성 중에서 밀도가 가장 낮아요(밀도가 높다는 것은 물질끼리 서로 꼭 붙어 있고 보통 무겁다는 뜻이에요). 사실 토성은 매우 가벼워서, 만약 토성을 담을 수 있는 커다란 물통에 집어넣는다면 둥둥 뜰지도 몰라요!

토성이라는 명칭의 유래

토성은 권력을 잃어 버린 어떤 로마 신의 이름에서 유래되었어요. 그는 쥬피터(목성)의 아버지로 씨뿌리기와 추수의 신이었지요. 그리스 인들은 이 신을 크로노스(Kronos)라 불렀고, 시간의 신으로 생각했어요. 그래서 크로노스는 종종 시간을 기록하는 사람의 모습으로 그려지곤 한답니다.

천왕성(Uranus)
아래서 위로 돌아요!

천왕성의 특징

지름 : 51,118km
하루의 길이(자전 주기) : 17.2시간
1년의 길이(공전 주기) : 지구 기준으로 84년
위성 : 15개
표면 온도 : -210°C

구에서 바라보면(천왕성을 보려면 망원경이 필요해요), 머나먼 별 천왕성은 초록빛을 띤 푸른빛을 내요. 천왕성의 대기 중에 있는 화학 물질 때문이지요.

다른 행성들과는 달리, 천왕성은 행성 전체의 기온이 고른 편이에요(평균 -210도로 아주 춥지만요). 천문학자들은 천왕성에 부는 강한 바람이 자전하는 방향과 같은 방향으로 일정하게 불기 때문에 기온차가 별로 없는 것으로 생각한답니다.

천왕성의 눈에 띄는 특징 중의 하나는 자전축이 수직에서 98° 기울어진 상태로 있다는 점이에요. 따라서 자전의 방향도 지구와 달리 아래서 위로 도는 것이지요. 지구와 태양계의 다른 별들은 대부분 자전축이 공전 궤도와 거의 수직을 이루며 선 채로 옆으로 도는 데 말이죠. 이렇게 아래에서 위로 도는 행성은(우리가 아는 바에 따르면) 오직 천왕성뿐이랍니다. 이렇게 특이하게 회전하기 때문에, 궤도를 회전하는 기간 중 1/4 정도는 북극이 태양을 향하게 되지요. 그리고 또 1/4 정도의 기간은 적도가 태양을 향하게 되고, 그 다음에는 남극이 태양을 향하지요. 마지막 1/4 정도의 기간에는 다시 적도가 태양을 향하게 된답니다.

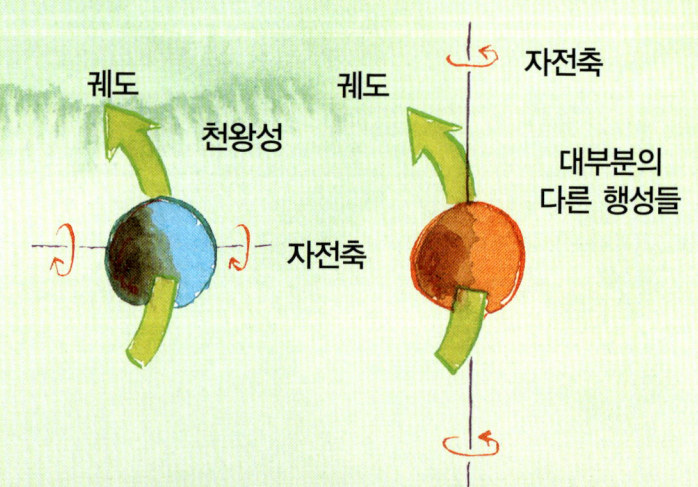

하늘 관찰

눈으로 천왕성을 관찰할 수는 있지만 쉬운 일은 아니에요. 성능이 좋은 망원경으로 볼 수 있다면 큰 도움이 되겠죠. 천왕성은 2004년과 2005년 지구에 가장 가까이 다가온답니다. 이때가 천왕성을 관찰하기 가장 좋은 때이며, 천문학 잡지의 표들을 참고하면 어느 쪽을 봐야 할지 알 수가 있을 거예요.

천문학자들은 왜 천왕성의 자전축이 이렇게 특이한지를 알지 못하지만 뭔가 거대한 물체와 충돌하여 수직이던 천왕성의 자전축이 수평으로 바뀌었을 것이라고 추측하고 있지요. 대부분의 천문학자들은 천왕성이 거의 전부 기체로 이루어진 것으로 보고 있어요. 다만 중심부에 아주 작은 바위 덩어리로 된 핵이 있을 것으로 생각한답니다. 천왕성에는 10개 이상의 위성이 있는데, 이들 위성의 대부분은 1986년 보이저(Voyager) 2호가 탐사할 당시에 발견되었지요. 이웃한 행성 토성과 마찬가지로 천왕성 주변에도 희미한 띠가 있는 것으로 확인되었지만, 천문학자들은 이 띠가 무엇으로 이루어졌는지는 아직 밝히지 못했어요. 다만 그 띠가 돌멩이들로 이루어져 있을 것으로 추측하고 있지요. 돌멩이 중에는 바위 덩어리도 있고, 얼음도 있고, 무엇인지 확인할 수 없는 물질들도 있답니다. 하지만 언젠가는 알아 낼 수 있을 거라고 생각해요.

X 행성

천문학자들은 오랫동안 천왕성의 궤도가 이상하다고 생각했어요. 천문학자들이 보통 생각하듯이 태양의 중력에 이끌려 태양의 주변을 따라 도는 것으로 보이지 않기 때문이지요. 그래서 뭔가 다른 행성이 있어서 천왕성을 끌어당기고 있는 게 아닌지 고민을 하게 되었어요. 하지만 주변의 소행성 134340(구 명왕성)이나 해왕성은 그렇지 않았기 때문에, 아직도 의문이 풀리지 않은 채로 남아 있습니다. 태양계의 일곱 번째 행성인 천왕성이야말로 불가사의한 X 행성, 신비의 별이 아닐까요? 만약 그렇다면, 아직 아무도 그 신비를 풀어내지 못한 셈이군요.

천왕성이라는 명칭의 유래

천왕성은 고대 로마 시대가 한참 지난 후에야 발견되었어요. 하지만 전통에 따라 천문학자들은 신의 이름을 따서 천왕성의 이름을 붙였답니다. 1781년 천왕성을 처음 발견한 영국의 천문학자 F.W. 허셜은 이 행성에 영국의 왕, 조지 2세(King George 2)의 이름을 붙이려고 했지만 다른 나라의 천문학자들이 찬성하지 않았다고 해요.

해왕성(Neptune)
신비한 푸른 행성

해왕성의 특징

지름 : 50,538km
하루의 길이(자전 주기) : 16.1시간
1년의 길이(공전 주기) : 지구 기준으로 164.8년
위성 : 8개
표면 온도 : -220°C

꽁 얼어붙는 듯한 화성이나 끓는 듯한 금성처럼, 태양계 내에서 그다지 초대받고 싶지 않은 행성이 있어요. 그 행성은 바로 해왕성이지요. 왜냐하면 해왕성은 얼어붙을 정도로 추울 뿐 아니라, 시간당 300㎧의 엄청난 강풍이 몰아치는 곳이기 때문이지요. 게다가 해왕성은 목성이나 토성처럼 대부분이 기체로 이루어져 있답니다.

천문학자들은 해왕성의 핵 부분은 바위로 이루어져 있을 것이라고 추측하고 있어요. 확실한 것은 해왕성에도 딛고 설 수 있는 표면이 없다는 것이지요. 해왕성의 대기는 붉은빛을 흡수하는 메탄으로 가득차서, 해왕성 특유의 푸른빛을 띤답니다.

몇년 전 보이저 2호는 천왕성을 지나 해왕성을 관찰하던 중, 토성과 천왕성 주변의 띠와 비슷한 것들을 발견했어요. 그러나 해왕성의 띠는 돌멩이로 이루어진 천왕성 주변의 띠와는 달리, 먼지 크기의 작은 입자들로 이루어져 있지요. 보이저 2호는 해왕성에서 찾아낸 8개의 위성에 근접하여 찍은 사진을 보내오기도 했답니다. 8개의 위성 중에서 지구의 달만큼 큰 트리톤(Triton)의 기온은 무려 섭씨 -263도로 매우 춥지요.

어떤 천문학자들은 트리톤이 원래는 별개의 행성이었을 것이라고 추측해요. 해왕성의 주위를 너무 가까이 지나다가 해왕성의 중력 때문에 위성이 되어 버렸다는 것이지요. 하지만 그것도 추측일 뿐 입증된 것은 아니랍니다.

해왕성의 푸른 색 위로 거대한 폭풍이 불고 있는 모습

궤도 때문에 가끔은 해왕성보다 태양에 더 가까이 갈 때도 있지요. 약 20년 동안은 해왕성이 태양에서 가장 먼 행성이 된답니다.

해왕성은 다른 이웃 행성들과 마찬가지로 커다란 점이 있어요. 목성은 붉은 색, 천왕성이 흰색이라면, 해왕성의 점은 크고 어두운 빛깔을 띠고 있지요. 천문학자들은 이것 역시 거대한 폭풍의 증거라고 생각한답니다.

자리 바꾸기

소행성134340(구 명왕성)은 예전엔 아홉 번째 위치에 있는 행성이라고 생각하고 있었어요. 소행성134340은 특이한

그리고 소행성134340이 다시 태양에서 아홉 번째 위치로 돌아가면 그 위치를 230년 정도 유지하지요. 해왕성은 목성이나 토성처럼 크지는 않지만, 지구보다는 훨씬 커서 폭이 약 4배 정도예요. 일설에 의하면 해왕성은 1846년에 발견되었다고 하는데, 사실은 1612년에 갈릴레오가 처음 발견했다고 전해지지요. 하지만 그 당시 갈릴레오는 해왕성을 행성이 아닌 별로 착각하여 주의를 기울이지 않았다고 해요.

엄청난 폭풍이 군!

하늘 관찰

해왕성은 지구에서 너무 멀기 때문에 주변의 다른 별들과 구별하기 쉽지 않아요. 그래서 찾아내기가 매우 어렵답니다. 쌍안경이나 망원경이 있다면 도움이 되겠지요. 2015년 8월은 해왕성을 관찰하기가 가장 좋은 시기였습니다.

소행성 134340의 특징

지름 : 2,300km
하루의 길이(자전 주기) : 6.4일
1년의 길이(공전 주기) : 지구 기준으로 248년
위성 : 1개
표면 온도 : -230°C

왼쪽: 소행성 134340 / 오른쪽: 위성 카론

1930년 애리조나에 있는 플래그스태프의 천문학자인 클라이드 톰보는 우주의 같은 지역에서 짧은 시간 동안에 찍은 여러 장의 사진들을 비교하고 있었어요. 그는 주변의 다른 물체들과는 다르게 움직이는 작고 희미한 점 하나를 발견하고는 그것이 행성임에 틀림없다고 생각하였지요. 그 행성이 바로 소행성 134340이랍니다. 우리가 아직 소행성 134340에 우주 탐사선을 보내 정보를 수집한 적이 없기 때문에, 소행성 134340은 매우 신비한 행성으로 남아 있어요. 어떤 사람들은 소행성 134340은 태양계의 행성이 아니라고 주장했답니다.

소행성 134340이 다른 행성들처럼 같은 궤도를 따라 돌지 않고, 때로는 궤도보다 살짝 위나 아래쪽으로 돌기 때문이지요. 태양이 만약에 1층에 있다고 생각해 볼까요. 그리고 이 태양을 기준으로 평평한 원을 그린다면, 다른 행성들은 그 평면 위를 회전하는 반면, 소행성 134340은 태양을 기준으로 때때로 지하 1층이나 2층을 돌고 있다고 생각하면 쉬울 거예요. 소행성 134340은 또한 별들처럼 빛을 내지는 않지만, 다른 행성들처럼 위성도 갖고 있답니다. 천문학자들

하늘 관찰

소행성 134340을 눈으로만 찾으려고 해서는 소용이 없어요. 대개는 망원경으로도 찾기가 어렵기 때문이지요. 하지만 제대로 된 장비가 있다면, 며칠 동안 추적하여 그 위치를 표로 기록해 두어야 해요. 소행성 134340은 너무 흐려서 주변의 별들과 구분하기가 힘들 수 있으므로, 움직임을 추적하여 기록해 두어야 나중에 여러분이 제대로 소행성 134340을 찾았다는 것을 증명할 수 있답니다.

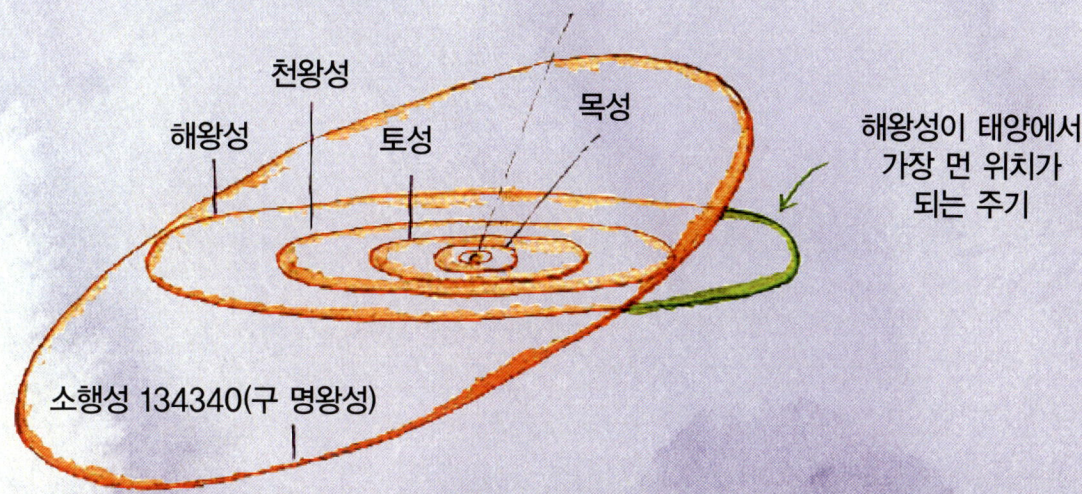

은 예전엔 소행성 134340도 행성이라고 했었지요. 주변의 다른 행성들이 기체로 이루어진 반면, 소행성 134340에는 딱딱한 바위로 된 표면이 있어서 그 위에 설 수 있답니다(두툼한 자켓과 산소 탱크는 가져가야겠지만 말이죠). 소행성 134340의 평균 기온은 영하 200도 이하이며, 대기는 대부분 메탄과 질소로 이루어져 있는 것으로 추측한답니다.

소행성 134340의 크기는 달의 2/3 정도밖에 안 되는 작은 소행성이에요. 그렇지만 달과는 달리 약하지만 대기층이 존재한답니다. 그렇다고 항상 대기층이 존재하는 것은 아니에요. 소행성 134340은 아주 춥기 때문에 태양에 가까이 갈 때에만 태양의 열이 소행성 134340의 표면에 있는 얼음을 녹여서 대기가 생기는 것이랍니다. 소행성 134340의 위성인 카론(Charon)은 행성에 아주 바짝 붙어서 회전하는 특이한 위성이에요. 만약 소행성 134340의 표면에서 본다면 카론은 엄청나게 크게 보일 거예요. 지구에서 달을 보는 거에 비하면 18배나 크게 보이거든요. 그리고 카론은 지구의 달보다 4배나 빠르게 움직이는 아주 빠른 위성이랍니다.

소행성 134340의 옛이름 명왕성(Pluto)의 유래

소행성 134340이 발견되었을 때 어떤 이름을 붙일지 전 세계적인 명칭 짓기 대회를 열었어요. 우승자는 영국의 11세 소녀였지요. 소녀는 '플루토'라는 로마의 지하 세계의 여신 이름을 붙이자고 제안했답니다. 심사위원들은 소행성 134340처럼 신비에 싸인 행성에는 그런 이름이 딱 맞다고 생각한 것이지요. 플루토는 그리스 신화에 등장하는, 지하세계를 지배하는 '하데스' 신의 이름이기도 하지요.

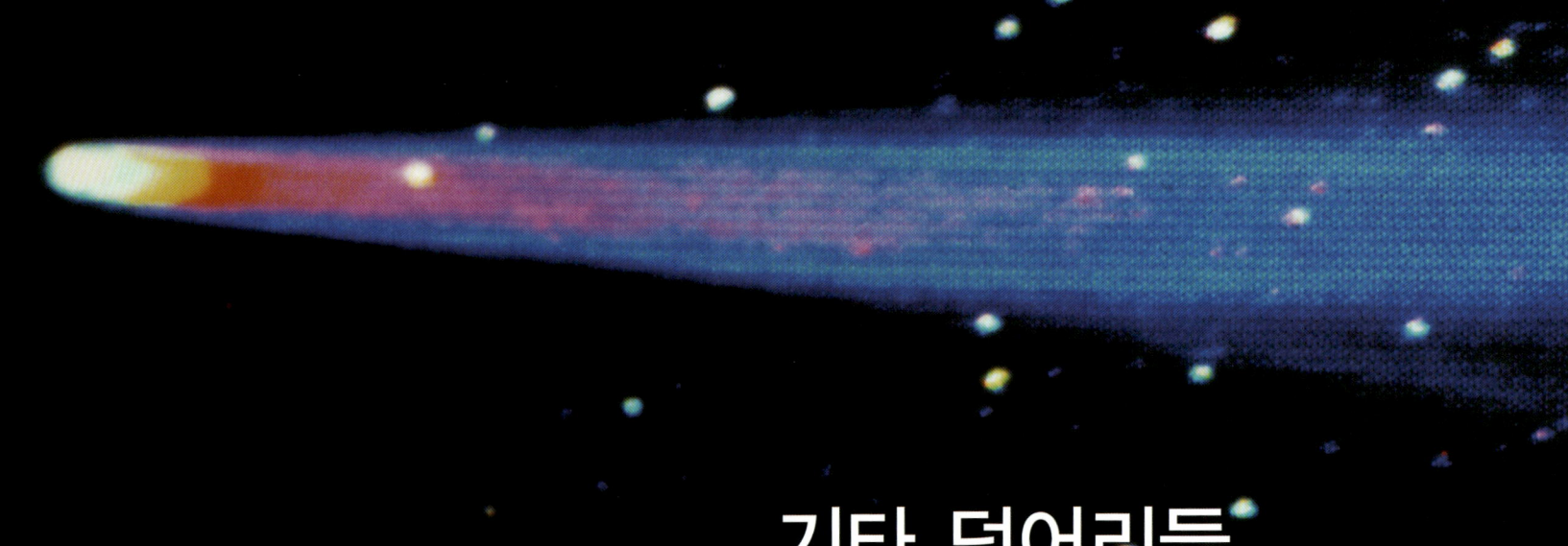

핼리 혜성

기타 덩어리들
그리고 날아다니는 물체들

리가 우주에 관한 이야기를 할 때는 보통, 별과 행성들을 이야기해요. 하지만 하늘에는 그 외에도 멋진 것들이 아주 많지요. 만약 여러분이 그것들을 살펴 볼 계획이 있고 도구만 있다면, 충분히 그것들을 찾을 수 있답니다.

소행성

소행성은 작은 바위나 금속 덩어리가 우주에 떠다니는 것을 말해요. 목성과 화성 사이에는 약 5천 개의 소행성이 있는 것으로 밝혀졌는데, 이 중에는 공원의 돌멩이처럼 작은 것도 있고, 아주 큰 것도 있답니다. 실제로 어떤 소행성은 폭이 무려 800미터도 넘는다고 해요! 일부 천문학자들은 태양계가 처음 만들어질 때 목성과 화성의 중력에 이끌린 덩어리 몇 개가 함께 붙어서 행성을 만들지 못하고 소행성이 되었다고 추측하고 있어요.

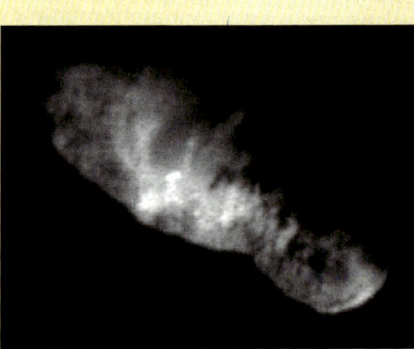

만약 그런 추측이 맞다면, 어쩌면 태양계에는 9개가 아닌 10개의 행성이 있었을지도 모르지요.

하지만 모든 천문학자들이 그렇게 생각하는 것은 아니에요. 어떤 사람들은 화성과 목성 사이에서, 행성 혹은 태양계 내의 다른 소행성들이 어떤 우주적 충돌로 인해 부서진 조각들이라고 생각하기도 하지요. 이 역시 아직 해결되지 않

는 우주의 수수께끼 중의 하나랍니다.

6백 50억 년 전 공룡이 사라진 것은 소행성의 충돌 때문이라고 하는 사람들도 있어요. 그 이론에 따르면, 거대한 소행성이 지구에 충돌하여 대폭발이 일어났다는 거예요. 소행성의 충돌로 인한 폭발 이후 커다란 구름이 지구 전체를 뒤덮었고, 그 결과 지구의 기후가 완전히 바뀌어서, 공룡뿐만 아니라 다른 많은 동물과 식물들이 살 수 없게 되었다는 것이지요. 많은 사람들이 오늘날 커다란 소행성이 지구에 충돌한다면 어떤 일이 일어날지 궁금해해요(TV나 영화에서 그런 끔찍한 일이 일어나는 걸 본 적이 있죠?). 이 때문에 천문학자들도 이런 일이 일어나지 않는다고 보장할 수 없기 때문에, 지구 주변을 지나는 소행성들을 아주 주의 깊게 관찰하고 있답니다. 동시에 공룡을 멸종시켰을지도 모를 거대한 소행성이 가까운 미래에 다가오지 않기를 바라고 있지요.

거대한 소행성이라 해도 지구에서 너무 멀리 있기 때문에, 밤하늘에서 찾아보기는 매우 어려워요. 하지만 별이나 행성 이외에도 우리가 찾아볼 수 있는 것들은 많지요. 예를 들자면 유성이 그 좋은 예라고 할 수 있어요.

유성

소행성이나 다른 떠다니는 물체가 지구에 너무 가까이 다가오면, 지구의 중력이 그것을 지구의 표면으로 끌어당겨요. 그런 물체들이 지구에 떨어지면 그것을 '유성'이라고 부르지요(별은 아니지만 별똥별이라 부르기도 한답니다). 유성이 속도를 내며 지구로 떨어질 때, 그 빛나는 꼬리가 하늘을 길게 가로지르는 것을 가끔 보았을 거예요. 그것으로 우리는 지구의 대기를 구성하는 공기는 볼 수 없지만, 분명 공기가 존재한다는 것을 알 수 있지요. 유성이 속도를 낼 때 공기가

별똥별 소나기 : 1년에 한 번뿐인 쇼!

유성의 이름	대략적인 날짜	시간당 유성의 수(평균)
쿼드랜티즈(Quadrantids)	1월 3일	50
페르시즈 (Perseids)	8월 12일	50
젬미니즈 (Geminids)	12월 14일	50
에타 아쿠아리즈(Eta Aquarids)	5월 5일	40
델타 아쿠아리즈(Delta Aquarids)	7월 29일	20
오리오니즈 (Orionids)	10월 21일	20
어시즈 (Ursids)	12월 22일	12

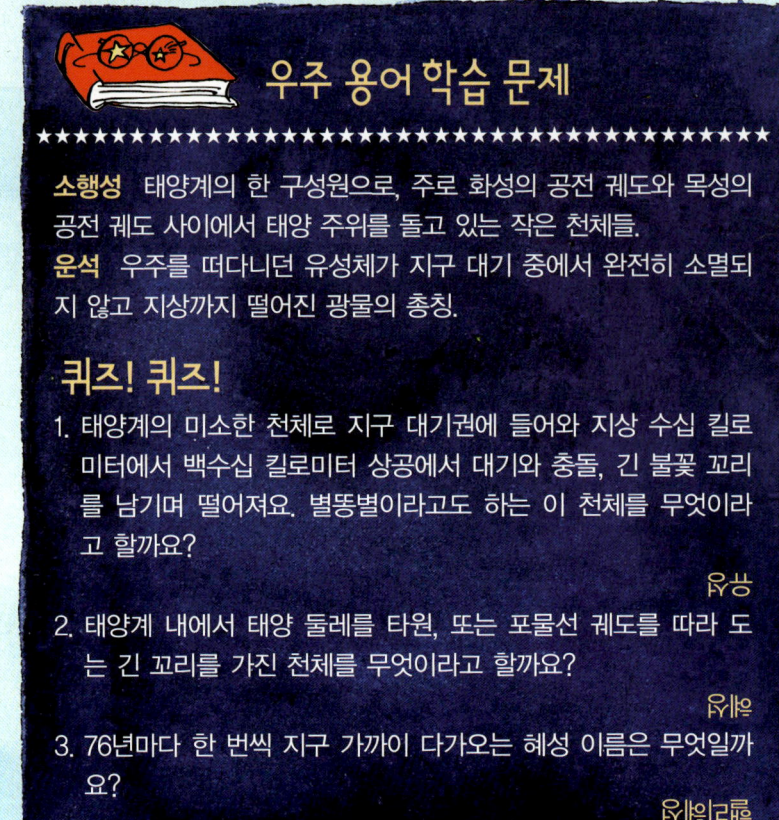

우주 용어 학습 문제

소행성 태양계의 한 구성원으로, 주로 화성의 공전 궤도와 목성의 공전 궤도 사이에서 태양 주위를 돌고 있는 작은 천체들.

운석 우주를 떠다니던 유성체가 지구 대기 중에서 완전히 소멸되지 않고 지상까지 떨어진 광물의 총칭.

퀴즈! 퀴즈!

1. 태양계의 미소한 천체로 지구 대기권에 들어와 지상 수십 킬로미터에서 백수십 킬로미터 상공에서 대기와 충돌, 긴 불꽃 꼬리를 남기며 떨어져요. 별똥별이라고도 하는 이 천체를 무엇이라고 할까요?

   유성

2. 태양계 내에서 태양 둘레를 타원, 또는 포물선 궤도를 따라 도는 긴 꼬리를 가진 천체를 무엇이라고 할까요?

   혜성

3. 76년마다 한 번씩 지구 가까이 다가오는 혜성 이름은 무엇일까요?

   핼리혜성

유성에 세게 마찰을 일으키면서 불이 붙게 되거든요. 마치 성냥갑에 성냥을 막 문지르는 것과 같은 현상이지요.

종종 유성들은 지구에 닿기도 전에 다 불타 버리고 말아요. 유성이 실제로 지구의 표면에 닿게 되면 운석이라는 다른 이름을 얻게 되지요. 천문학자들은 지구 전체에 운석이 많다는 것을 발견했어요. 운석은 지구가 아닌 먼 우주에서 날아온 것이기 때문에 천문학자들은 운석을 연구하여 우주의 다른 물체들은 무엇으로 만들어졌는지를 추측할 수 있지요.

운석은 땅에 충돌할 때 커다란 구멍을 남길 수도 있어요. 대부분의 운석은 1킬로그램 정도밖에 나가지 않지만, 큰 운석은 약 1.6km의 너비에 수백 미터 가량의 커다란 구덩이를 남기기도 하지요. 지구와 같은 행성에서는 대기 때문에 유성이 땅까지 도달하기가 매우 힘들어요. 대부분은 땅까지 오기도 전에 다 타 버리지요. 하지만 달이나 수성처럼 대기가 없거나 화성처럼 대기층이 얇은 곳에서는 유성이 땅과 충돌하기가 쉽습니다. 그래서 그런 행성들은 유성으로 인한 크레이터(구덩이)들이 아주 많아요.

혜성

유성을 관찰하는 것도 재미있긴 하지만 혜성만큼 멋진 광

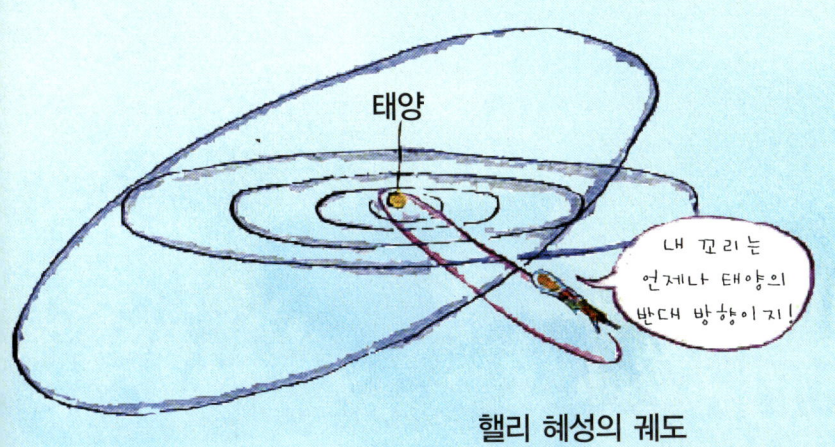

핼리 혜성의 궤도

천재적인 천문학자들

가장 유명한 혜성은 바로 천문학자 에드먼드 핼리(Edmond Hally 1656-1742)의 이름을 딴 '핼리 혜성'이에요. 핼리는 1531년, 1607년, 1682년에 하늘에 나타난 신비로운 빛의 기록을 점검하던 중 이 빛이 76년에 한번 꼴로 나타난다는 사실을 알아냈어요. 그래서 이 혜성이 태양 주변의 궤도를 돌면서 76년에 한 번씩 지구 가까이 다가오는 것은 아닐까 하고 추측하게 되었지요. 만일 핼리가 자신의 예측대로 1758년 이 혜성이 다시 나타난 것을 보았다면 너무나 기뻐했을 거예요. 그 후 이 혜성은 핼리 혜성으로 알려지게 되었답니다.

경을 보여 주지는 못해요. 혜성은 우주 공간을 엄청나게 빠른 속도로 날아다니는 큰 돌이나 얼음 덩어리를 말하지요. 이들의 핵 부분은 3.2킬로미터에서 4.8킬로미터, 혹은 240킬로미터 정도 크기까지 아주 다양하답니다. 혜성은 행성들처럼 태양의 주위를 돌며, 태양에 가까이 가면 핵 부분 중 일부가 가스로 변하면서 길고 빛나는 꼬리를 만들어내요. 이 꼬리 덕분에 혜성이 그토록 멋지게 보이는 것이지요. 혜성의 꼬리는 수천만 킬로미터까지 펼쳐질 수 있답니다. 가끔은 혜성이 너무 밝게 빛나서 환한 낮에도 눈에 보일 정도랍니다.

오래 전 혜성을 본 사람들은 이를 신비스러운 것으로 여겼어요. 그들은 혜성이, 뭔가 좋지 않은 일이나 나쁜 일이 일어날 것이라는 신호라고 생각했지요.

어떤 사람들은 세 명의 동방박사를 예수님께 인도했다는, 성경에 나오는 그 별이 사실은 바로 혜성일 거라고 추측하기도 한답니다.

혜성 들여다보기

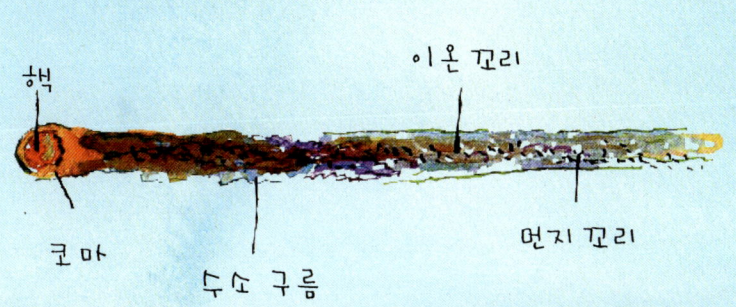

강아지 들여다보기

은하계(Galaxy)

나선 은하

맑은 밤하늘을 바라보면, 별들이 하늘에 막 흩뿌려져 있는 것처럼 보여요. 누군가 하늘에 빛나는 보석들을 뿌려 놓은 것처럼 말이지요. 하지만 사실 모든 별들은 넓은 공간에 집단으로 모여 있답니다. 또 은하계 중력에 이끌려서 서로 집단을 이루고 있지요. 어떤 은하계는 너무나 넓어서, 가장 빠른 우주선으로 간다 해도 한 쪽 끝에서 다른 쪽 끝까지 가는 데에만 수만 광년이나 걸린답니다. 우리가 살고 있는 지구와 태양계는 우리 은하계에 속하지요. 모든 은하계는 각각 다르지만, 대략 3가지 유형으로 나누어 볼 수 있어요.

타원형 은하 : 타원형의 은하는 우리가 배웠던 타원에서 이름을 따온 거예요. 타원형의 은하는 둥글기는 하지만 한 쪽 방향이 다른 쪽보다 길지요. 우주에 있는 대부분의 은하들은 바로 이 타원형 은하랍니다.

나선형 은하 : 별들이 평평하고 둥근 모양으로 모여 있고, 두툼하고 밀도가 높은 중심부에서 꼬리가 뻗쳐 풍차처럼 회전하는 듯한 모양을 한 은하가 바로 나선형 은하예요. 우주에서 두 번째로 많은 유형의 은하지요.

불규칙형 은하 : 불규칙형 은하는 특정한 모양이 없어요. 천문학자들은 두 개의 은하가 서로 부딪치거나 근처에 있던 다른 은하의 중력 때문에 이상한 모양으로 늘어난 은하가 불규칙형 은하가 되었을 것으로 추측한답니다.

 **우주 용어 사전**

★★★★★★★★★★★★★★★★★★★★★★

은하계 태양계를 포함한 많은 항성(별)과 별들 사이의 성간 물질로 이루어진 커다란 천체의 집단.

과학자들은 우주에 적어도 500억 개의 은하가 있다고 생각하고 있어요. 만일 각각의 은하에 수십 억, 수조 개의 별들이 있다고 한다면 우주에는 바닷가의 모래알보다도 더 많은 별들이 있는 셈이지요.

우리 은하 : 은하수

우리가 살고 있는 지구는 우리 은하에 속해 있는데, 눈으로도 볼 수 있어요. 보통 은하수(Milky Way)라고 부른답니다(우리 은하 내의 별(항성)은 얇은 원반 모양으로 분포되어 있는데, 이 별들의 대부분은 원반 면을 따라 얇은 층의 빛을 만들어요. 그것 때문에 별이 훨씬 멀리까지 겹쳐서 보이지요. 이 빛이 모여 있는 집적대를 은하수라고 하지요). 초기의 별 관찰자들이 밤하늘에 희게 빛나는 띠 모양이 우유가 엎질러진 모양 같다고 생각해서 그렇게 이름을 붙인 것이지요. 이집트인들은 이것을 보고 영혼의 길이라 부르기도 한 반면 아프리카의 부족들은 은하수가 밤의 등뼈라고 생각했답니다.

나선형의 은하인 우리 은하는 둥글고 평평한 원반 형태예요. 가운데에는 큰 덩어리가 있고, 가장자리 부분은 풍차처럼 나선형을 그리며 뻗어나가는 모양이지요. 태양과 태양계는 우리 은하의 가장자리 부분에 있지만 가장자리 쪽이라

하늘 관찰

아주 맑고 맑은 밤, 도시의 번쩍이는 불빛과 멀리 떨어진 곳에서는 넓고 희미한 띠가 하늘에 펼쳐져 있는 것을 볼 수 있어요. 바로 우리 은하의 일부지요! 우리 은하를 이루고 있는 수십 억 개의 별들이 쏟아내는 빛 때문에 이렇게 띠 모양이 나타나는 거랍니다. 이러한 띠 모양은 우리 은하의 옆모습이에요. 은하수는 수천 광년이나 멀리 떨어져 있답니다.

해도 태양계에서 우리 은하의 맨 바깥쪽까지는 수만 광년이나 떨어져 있답니다. 우리 은하의 끝에서 끝까지는 무려 10만 광년이나 되거든요. 우리 은하의 중심부는 두꺼운 형태로, 위에서 아래까지의 거리가 15,000광년 정도 되지요.

타원형 은하

작디 작은 지구는 바로 여기에 있답니다!

불규칙형 은하

우리가 볼 수 없는 것들
(하지만 있다고 생각되는 것들)

우주의 수수께끼

우주는 수수께끼로 가득 차 있어요. 과학자들은 이러한 수수께끼들에 대해 전혀 모르고 있는 경우가 많지요. 이 중 가장 놀라운 신비는 우주의 탄생이랍니다. 이를 설명하는 이론 중 가장 널리 알려진 것이 빅뱅 이론이에요. 즉 우리가 알고 있는 모든 것들이 약 150억 년 전 대폭발이 일어나면서 생겨났다는 이론이지요. 또 다른 우주의 수수께끼로는 중력에 대한 궁금증이죠.

중력

지구의 중력은 지표 부근에 있는 물체를 지구의 중심 방향으로 끌어당기는 힘을 말해요. 좀더 정확하게 말하면 중력은 지구 자전에 따르는 원심력과 함께 모든 물체에 작용하지요. 만약 원심력이 없다면 지표면에 있는 모든 물체들은 땅 속으로 끌려 들어갈 테니까요. 반대로 지표면에 있는 건물이나 바다, 사람 등이 지구 밖으로 떨어져 나가 우주로 둥둥 떠다니지 않는 것은 모두 중력 때문이지요. 태양의 중력은 태양계의 행성들이 태양 주위를 돌도록 잡아당기고 있어요. 그리고 수많은 별들이 서로 당기는 힘은 우리 은하인 은하수처럼, 별들이 모인 하나의 은하를 이루게 한답니다. 우리가 모르는 것은 바로 중력이 어떻게, 왜 작용하는가 하는 것이지요.

중력을 생각할 수 있는 재미있는 방법 한 가지를 알려 줄까요? 우주가 푹신푹신한 고무 장판 같은 거라고 생각해 보세요. 만약 그 위에 골프 공을 놓으면 골프 공 주변의 고무

중력을 잃는다면, 이런 일들이 일어나겠지요?

중력이 있을 때   중력이 없을 때

중력이 있을 때   중력이 없을 때

천재적인 천문학자들

중력은 여러분이 넘어질 때 천장이 아니라 바닥 쪽으로 떨어지게 하는 힘이에요. 17세기의 과학자 아이작 뉴튼은 떨어지는 사과에 머리를 맞고 중력을 발견했다고 하지요.  그는 (지구와 같은) 물체들은 자연적으로 다른 물체를 자기 쪽으로 끌어당긴다고 생각했어요(사과가 땅 쪽으로 끌려서 머리에 떨어진 것처럼 말이죠). 오늘날 중력의 개념은 과학의 법칙 중에서 가장 중요한 것으로 여겨지고 있답니다.

작은 공   큰 공

장판이 살짝 내려가고, 주변의 물체들이 그 쪽을 향해서 굴러갈 거예요. 야구공처럼 더 무거운 물건을 올려놓으면, 고무 장판이 더 내려가게 되고 물체들을 더 강하게 끌어당기겠지요? 우주도 바로 이러한 원리로 움직이고 있답니다. 별이나 블랙홀처럼 밀도가 높고 무거운 물체들은 다른 물체를 아주 강하게 끌어당기고 있지요. 하지만 작은 물체도 끌어당기는 힘을 가지고 있어요. 뉴튼의 머리 위로 떨어진 사과도 약하지만 지구를 자기쪽으로 살짝 끌어당기고 있었을 거예요(2개 이상의 물체가 있을 때 각 물체는 서로 끌어당기는 성질이 있는데, 이것을 '인력' 이라고 해요).

암흑 물질

천문학자들은 많은 것을 알고 있지만, 모든 것을 알고 있지는 못해요. 하지만 어떤 것에 대한 지식을 다른 것을 이해하는 데 사용할 수는 있지요.

예를 들어, 나선형의 은하를 관찰하던 천문학자들은 은하계 내의 별들이 왜 바깥으로 떨어져 나가지 않을까 하는 궁금증을 갖게 되었어요. 물론 그것을 궁금해하던 과학자들은 이전에 은하의 중심에는 밀도가 높은 핵 부분이 존재한다는 점을 알고 있었지요. 하지만 이 핵이 은하계의 별들을 다 끌어당길 수 있을 만한 중력이 있다고 생각하지는 않았어요. 그래서 어떤 천문학자들은 우주에는 우리가 볼 수 없는 암흑 물질이라는 것이 있어서, 별들을 서로 당겨 주는 역할을 하는 게 아닌가 하고 생각하게 되었답니다.

그렇다면 암흑 물질은 무엇이며, 어떻게, 어떤 역할을 하고 있는 걸까요? 아직은 아무도 알 수 없지만 대부분의 천문학자들은 암흑 물질이 우주에 실제 존재하고 있으며, 우주의 아주 중요한 부분이라고 생각하기 시작했답니다.

블랙홀

과학자들이 조금씩 풀어나가기 시작한 우주의 또 다른 수수께끼는 블랙홀이에요. 우리는 앞에서 별의 일생에 대해 간단하게나마 배웠어요. 하지만 모든 별들이 외성으로 변해 일생을 마치는 것은 아니랍니다. 태양 질량의 수배가 넘는 별

퀴즈! 퀴즈!

1. 우주가 태초의 대폭발로 시작되었다는 이론을 무엇이라고 할까요?

   빅뱅이론 or 대폭발론

2. 별 진화의 마지막 단계를 거친 천체가 폭발과 함께 중력 수축을 일으켜 그 크기가 슈바르츠실트의 반지름 이하로 줄어든 천체를 일컫는 말로, 빛도 빠져 나올 수 없을 만큼 중력이 무한대인 천체를 무엇이라고 할까요?

   블랙홀

많은 천문학자들은 우리 은하를 포함한 은하 중심에는 이렇게 밀도가 매우 높은 지역이 존재하리라고 생각해요. 이곳에서는 블랙홀이 주변의 모든 물질을 빨아들이고, 중력의 힘으로 주변의 별들이 궤도를 유지하게 하지요. 그러나 대부분의 과학자들이 블랙홀의 존재에는 동의하지만, 블랙홀이 어떻게 작용하는지, 블랙홀로 빨려 들어간 별이나 다른 물체들은 어떻게 되는지는 아무도 모른답니다. 블랙홀의 중력이 너무나 커서 천문학자들이 하늘의 물체를 알아보려고 연구하는 모든 에너지의 형태와 빛까지도 다 흡수해 버리기 때문이지요.

들은 폭발을 일으키며 초신성이 되는데, 이 폭발로 인해 바깥층의 물질은 우주 공간으로 날아가고, 중심부의 물질은 반대로 내부를 향해 수축을 거듭하게 되지요. 그리고 이 수축은 천체의 크기가 슈바르츠실트의 반지름에 이르러서야 정지한답니다. 즉, 부피는 0이 되고 밀도는 무한대, 그리고 모든 힘을 중력이 지배하는 천체가 되는데, 이것을 '블랙홀'이라고 하지요. 이 천체의 중력은 너무나 커서 주변의 모든 물체들을 빨아들이는데, 심지어는 빛조차도 빠져나갈 수가 없답니다.

새로운 수수께끼

블랙홀이 될 정도로 에너지가 크지 않은 별들은 폭발한 후 중성자별이 되요. 이들은 블랙홀처럼 강력히 빨아들이는 힘도 없고, 빛을 내뿜을 만한 에너지도 없지요.

그곳에 무슨 일이 일어나고 있을까?

우리는 이미 코페르니쿠스나 아이작 뉴턴, 그리고 에드먼드 핼리와 같은 훌륭한 과학자들에 관해 배웠어요. 그들이 하늘의 많은 것들에 대해 생각하고 발견하는데 시간을 보냈기 때문에 오늘날 우리는 그것들을 쉽게 배울 수 있는 것이지요. 이들과 더불어 많은 천문학자와 우주비행사 같은 용감한 도전자들도 우주를 탐험하였답니다.

지금부터는 그들이 탐험을 하는 데 도움이 되도록 발명된 도구들에 대하여 설명할 거예요. 또한 여러분의 눈과 쉽게 구할 수 있는 간단한 천체 장비를 이용해 어떻게 하면 여러분도 천문학자가 될 수 있는지에 대하여 설명할 거예요. 즉, 여러분의 뒷마당에서 별자리와 행성, 그리고 밤하늘에 있는 다른 물체들을 어떻게 찾아내고 구분하는지를 배우게 될 것입니다.

우주 비행사와 천문학자는 무슨 일을 할까?

하늘에는 여러분의 육안으로도 볼 수 있는 멋진 별들이 가득해요. 만약 여러분이 그것들을 알아볼 수 있다면 말이죠. 달, 별, 행성, 별똥별 때로는 혜성도 볼 수 있답니다.

관찰자를 위한 도구 쌍안경

여러분이 하늘을 관찰하는 데 특별한 장비가 있다면 큰 도움이 될 거예요. 이 특별한 장비 가운데 하나가 망원경인데, 성능이 좋은 망원경을 만든 사람은 갈릴레오 갈릴레이지요. 갈릴레오의 첫 망원경은 유리를 통해 사물을 확대해서 볼 수 있는 렌즈를 사용하였는데, 실제보다 8배나 더 가깝게 보였다고 해요. 그 후, 많은 천문학자들이 성능이 더 좋은 망원경을 만들었지요. 오늘날 여러분이 집에서 이용하는 망원경은 사물을 수백 배나 확대하여 보여 줍니다. 또한 천문학자들이 사용하는 특별한 망원경들은 규모가 너무 커서, 망원경을 지탱하는 건물을 만들어야 할 정도이지요. 이런 거대한 망원경들을 수용하는 건물을 천문대라 하는데, 사람들은 이 곳에서 하늘을 관찰한답니다.

갈릴레오의 망원경

많은 사람들은 쌍안경이라 불리는, 손에 쥘 수 있는 도구를 이용해요. 쌍안경은 별을 관찰하기에 좋은 도구이지요. 이 쌍안경은 실제로 두 개의 망원경이 두 눈에 맞게 양 옆에 위치하고 있어서 나중에 배울 플레이아데스(74쪽)와 같은 별무리를 관찰하는 데 특히 좋답니다.

쌍안경

그러나 사람들은 망원경을 만들어지기 오래 전부터 천문대를 축조해 왔어요. 최초의 천문대는 수천 년 전에 그리스와 중동에서 지어졌지요. 고대의 관찰자들은 선명한 시야를 얻기 위해 높은 벽이나 탑을 세워서 하늘을 관찰하였어요. 고대에는 많은 사람들이 별은 마술이며, 미래를 예견하는 데 도움을 준다고 믿었지요. 그래서 성직자들이나 다른 종교 지도자들은 고대의 천문학자들이 그랬던 것처럼 그와 같은 옛 방식의 천문대에서 하늘을 관찰하였답니다.

요즘에는 천문대 안에 있지는 않지만 다른 종류의 큰 망원

천재적인 천문학자들

갈릴레오 갈릴레이 이탈리아의 천문학자 갈릴레오 갈릴레이는 대문호 윌리엄 셰익스피어가 살았던 시대와 같은 시기에 살았어요. 유럽 사람들이 아메리카를 막 탐험하기 시작한 직후였던 1564년부터 1642년까지 살았지요. 당시 지구가 둥글다는 것은 여전히 생소한 이야기였고, 대부분의 사람들은 지구가 우주의 중심이라고 주장하였어요. 그러나 갈릴레오는 지구가 태양을 돌고 있다는 것을 잘 알고 있었답니다. 그래서 자신이 믿고 있는 바를 증명해 줄 장비가 필요했던 거예요. 갈릴레오는 망원경을 발명한 사람으로 알려져 있지요. 비록 그가 망원경을 최초로 발명한 것은 아니지만, 그 때까지 다른 사람들이 만들어 낸 망원경 중에서는 최고의 것이었답니다. 갈릴레오는 자신이 만든 망원경으로 관찰하면, 행성들이 태양의 주변을 돈다는 걸 알 수 있다고 주장하였어요. 하지만 사람들은 갈릴레오의 말을 믿지 않았고, 교회의 지도자들은 그를 법정에 세워 지구가 우주의 중심이라고 말하도록 강요를 했답니다.

에드윈 허블 에드윈 허블은 우주를 이해할 수 있도록, 생생한 우주의 모습을 보여 준 20세기의 천문학자예요. 허블은 은하계의 거리를 연구함으로써 은하계가 끊임없이 움직인다는 사실을 발견하였지요. 허블의 이런 중대한 발견을 통하여 약 150억 년 전에 일어난 '빅뱅'이라는 과학적 이론을 이끌어낼 수 있었답니다. 이 빅뱅 이론은 에너지가 사방으로 팽창되어 별과 행성, 그리고 존재하는 모든 것들이 관련되어 대폭발이 일어났다는 이론이에요. 그 대폭발로 인해 우주가 탄생하게 되었다는 것이지요.

빅뱅 이론의 작용을 이해하기 위해서는 은하계 대신에, 표면에 점들이 있는 부푼 풍선을 우주라고 생각하면 될 거예요. 풍선을 불면 점들, 즉 은하계는 점점 더 멀어지게 되죠. 빅뱅 이론을 믿는 사람들은, 우주가 어떻게 작용하는지를 빅뱅 이론이 단적으로 보여 준다고 말해요.

경도 있어요. 바로 우주에 있는 '허블망원경'이지요.

뛰어난 성능을 가진 허블망원경은 1990년에 처음으로 지구 대기권 밖의 궤도에 놓여졌어요.

이 망원경은 지표면의 높은 곳에서 관찰하는 것보다 훨씬 더 선명한 우주의 모습을 관찰할 수 있게 해 주지요. 에드윈 허블의 이름을 딴, 이 허블망원경은 사물을 6000배나 더 가깝게 볼 수 있게 해 준답니다. 58×10의 20승(58에 0을 21개나 붙인 거리)마일이나 떨어진 은하계의 사진을 찍어서 보내 주는 것이지요. 이 사진들은 우리가 지금까지 볼 수 없었던 매우 먼 곳을 촬영한 최고의 사진들이랍니다.

허블 망원경

허블 망원경

파이오니어(우주 탐사선)

♬ 태양계 밖으로 우리는 간다. ♬ ♪

스파이 위성

병아리가 동남쪽으로 이동한다. 오버!

우주여행

사람들은 수세기 동안 우주로 가는 여행을 꿈꿔 왔어요. 하지만 거기까지 도달하는 데는 수많은 시간이 걸렸답니다. 중력에 대한 어려운 숙제를 풀어야 했으니까요. 그래서 과학자들은 어떻게 하면 지구의 중력을 벗어나 우주로 나갈 수 있을까 고민했어요. 로켓이 등장한 것은 그런 고민을 해결하기 위해서였답니다. 로켓은 연료를 태워서 한쪽 방향으로 가스를 분출해 중력을 극복할 수 있는 엄청난 추진력을 가짐으로써 지구 밖으로 나갈 수 있을 것으로 기대를 갖게 했어요. 그리고 수많은 실험을 거친 후, 러시아에서 만든 최초의 우주선이 우주로 발사되었지요. 러시아는 1957년 10월 4일에 스푸트니크 1호를 발사했는데, 1시간 반 정도 후에 대기권 밖의 궤도에 도달하였답니다. 그리고 스푸트니크 1호는 라디오 주파수를 통하여 지구에 있는 천문학자에게 정보를 보내왔어요. 이후로 천문학자들은 수많은 위성들을 우주로 쏘아 올렸고, 이 위성들은 스푸트니크 1호가 그랬던 것처럼 지구의 궤도를 돌면서 수집한 정보를 지구로 다시 보내왔답니다. 어떤 위성은 사진을 찍고, 어떤 위성들은 지구를 가로지르며 여기 저기 전화와 텔레비전 신호를 보내기도 하지요. 또 어떤 위성들은 기상 정보를 수집하기도 해요. 어떤 군사 위성은 전쟁 중에 미사일을 격추시킬 수 있도록 고안된 레이저를 갖추고 있기도 하답니다.

오퍼레이터(조종자)?!!

통신위성

최근에는 많은 무인 우주선이나 우주 탐사선을 태양계의 아주 먼 곳으로 날려보내고 있어요. 우주 탐사선은 그들이 접하는 사물이나 행성들을 연구하기 위해 카메라와 여러 장비를 싣고 다니지요. 그리고 우주 탐사선은 수백만 킬로미터 떨어진 지구로 수집한 정보를 전송해 주는 특수한 통신장비도 갖추고 있어요. 매리너 탐사선은 1960년대와 1970년대에 발사되어 수성과 금성, 그리고 화성을 탐사하였지요. 하지만 매리너 탐사선은 행성에 착륙하지는 않았어요(나중에는 탐사선이 화성과 금성의 표면에 착륙하기도 했지만). 대신에 태양에 가장 가까운 행성에

♬ 수성... 금성... 화성 굉장히 멀리 있다네... ♬ ♪

매리너
(화성, 금성 탐사용 우주선)

천왕♪
보이저 호

58

내일은 비, 오후에는 맑게 갤 것임.

기상 관측 위성

관해 많은 것들을 가르쳐 주기에 충분할 정도로 가까이에 다가갔답니다.

  우주 탐사선 파이오니어 호는 태양과 멀어지는 방향으로 나아갔어요. 이렇게 태양계의 바깥쪽을 향해 날아가면서 목성과 토성을 탐사하였지요. 파이오니어 호는 자신의 임무를 완수하였고, 지금도 계속해서 나아가고 있답니다. 현재는 지구와 통신하기에는 너무 멀리 떨어진 곳을 여행하고 있다고 해요. 반면 탐사선 '보이저' 호는 더 먼 곳에 있는 해왕성과 천왕성에 관한 정보를 수집하고 있어요. 보이저 호는 지금도 여전히 지구에 있는 과학자들과 매일 교신을 하며, 최신의 조사 결과를 보내 주고 있답니다.

너무 멀어서 우리에게 알려지지 않은…
"당신은 정말로 나를 사랑하나요?"

텔레비전 통신 위성

천재적인 천문학자들

로버트 고다드(Robert Goddard)  로버트 고다드는 미국의 과학자이며, 1926년에 최초의 현대적 로켓을 발사하였어요. 그 후 로켓은 우주에 안착하지는 못했지만, 그럼에도 불구하고 그것은 눈부신 발전이었답니다. 고다드는 고체 연료를 사용할 때보다 더 큰 추진력을 갖고 있으면서 무게가 더 가벼운 액체 연료를 사용했어요. 따라서 로켓의 전체 무게가 더욱 가벼워졌답니다. 이 같은 새로운 종류의 연료는 나중에 인공위성을 발사할 때도 쓰이게 되었어요. 그리고 현재 사람들이 우주 왕복선을 타고 우주로 나갈 수 있게 해 주었답니다.

우주 용어 사전

천문대 우주와 우주에 있는 천체를 관찰하는 실험실. 천문학자들이 별을 연구하기 위해 망원경과 다른 장비들을 설치해 두고 이용하는 곳.

인공위성 지구에서 쏘아 올려 지구 둘레를 궤도 비행하는 물체. 주로, 과학위성·기상위성·통신위성·방송위성·행성위성 등을 말해요.

퀴즈! 퀴즈!

1. 지구와 멀리 떨어진 소행성이나 다른 행성들의 정보를 수집하기 위해 지구에서 발사하는 우주선을 무엇이라고 할까요?

                                                    우주 탐사선

2. 세계 최초의 인공위성을 지구 대기권 밖으로 보낸 나라와 우주선 이름은 무엇일까요?

                                        러시아, 스푸트니크(동반자라는 뜻) 1호

털이 달린 우주 비행사

비록 인간이 오랫동안 우주 여행을 꿈꿔왔지만 인간은 우주 여행의 꿈을 이룬 첫 번째 생물체가 아니에요. 원숭이와 개가 우리보다 먼저 우주 여행의 꿈을 이룬 주인공이지요.

레이카라고 불리는 개와 햄이라는 침팬지는 1950년대와 1960년대에 구 소련이 만든 로켓에 태워져 지구 밖으로 보내진 최초의 동물들이에요. 이 동물들이 우주에서 생물체가 생존할 수 있다는 사실을 입증해 주었고, 인간에게 우주의 길을 열어 주었답니다.

1961년 4월 21일, 구 소련은 스푸트니크 1호를 발사한 후 4년이 채 지나지 않아, 약 두 시간 동안 인간을 우주로 보낼 수 있었어요. 그리고 거기에 탑승한 사람은 지구로 다시 안전하게 돌아 올 수 있었지요. 유리 가가린은 첫 번째 코스모노우트(러시아어로 우주 비행사, 또는 우주를 여행한 사람이라는 뜻)였답니다. 당시의 구 소련은 우주 경쟁에 미국을 끌어들였어요.

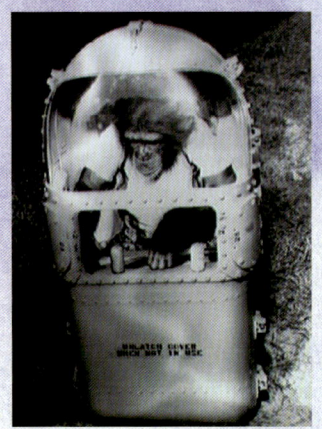

지구 대기권 밖으로 나간 최초의 침팬지 '햄'

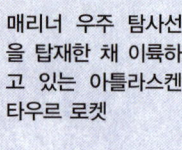

매리너 우주 탐사선을 탑재한 채 이륙하고 있는 아틀라스켄타우르 로켓

누구의 우주개발계획이 훌륭한 업적을 낼 것이며, 가장 중요한 발견을 해낼 것인가를 경쟁하는 비공식적인 시합이었던 셈이죠. 그러다가 1969년 7월 20일, 미국의 우주 비행사 닐 암스트롱이 인류 최초로 달 표면에 발을 내딛게 되면서 이후, 미국은 우주로 향하는 길을 개척하는 데 있어서 가장 앞선 나라가 되었답니다.

아마도 여러분에게 가장 친숙한 우주선은 우주 왕복선(스페이스 셔틀)일 거예요. 우주 왕복선 이전의 우주선은 한번 발사되면 연료 탱크와 함께 있던 다른 부분들은 다 떨어져 나가고, 작은 캡슐 형태로 몇 사람의 우주 비행사들만을 태운 채 지구로 돌아왔지요. 하지만 이 우주 왕복선은 달라요.

리얼 스푸트니크   **할로윈 스푸트니크**

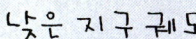
연료 탱크 분리

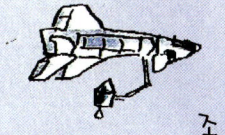
낮은 지구 궤도

조사와 작업

지구 귀환을 위한 위치 설정

대기 통과

착륙

로켓 연료 분리
발사

우주 왕복선은 비행기와 로켓의 중간쯤으로 볼 수 있지요. 우주 왕복선은 1981년에 처음 발사되었는데, 이는 나중에도 계속해서 사용할 수 있도록 고안된 최초의 우주선이었답니다. 우주 왕복선은 보조 로켓과 함께 수직으로 발사되어 우주를 여행하고 난 다음, 비행기처럼 지구로 돌아와서 착륙해요. 이 우주 왕복선의 엔진은 지구의 대기를 뚫고 들어오기에 충분한 힘을 갖고 있지요. 우주 왕복선은 한 번에 8명에서 10명의 우주 비행사를 실어 나르며, 1주일 이상을 우주에서 지낼 수 있도록 만들어졌어요. 또, 우주에서 실험을 하기 위해 허블망원경을 수리하기도 하고 우주 정거장(우주에서 떠 있는 도시)에 부품을 나르는 등 다양하게 이용되고 있답니다.

우주 도시

만약 지구 생활이 지겨워서 우주의 다른 곳에서 살고 싶은 꿈이 있다면, 그 꿈은 전혀 실현 불가능한 꿈이 아니에요. 아직 인간이 살 수 있는 행성을 발견하지는 못했지만, 우주에 몇 개의 작은 도시를 건설했기 때문이지요. 여러분은 아마도 우주 정거장을 떠올릴 텐데, 우주 정거장은 우주에 건설한 아주 작은 도시와도 같답니다. 이 우주 정거장은 우주에서 오랜 시간을 보내는 우주 비행사들이 머무는 곳으로 지구를 돌고 있어요. 구 소련이 1971년에 최초의 우주 정거장을 건설했는데, 우주 비행사들은 그 곳에서 22일간 생활을 하였답니다.

미국은 1973년 5월에 스카이랩이라는 우주 정거장을 건설하여 구 소련의 뒤를 따랐는데, 3명의 승무원들이 돌아가며 정거장에서 근무를 하였지요. 그런데 어떤 승무원은 이 우주 정거장에서 84일이나 머물렀다고 해요.

우주 정거장은 우주 비행사들이 태양, 지구, 행성, 그리고 그 밖의 많은 것들을 연구할 수 있도록 만들어져 있어요. 오늘날 16개국의 과학자들이 중력 때문에 지구에서 행할 수 없

우주 용어 사전

★★★★★★★★★★★★★★★★★★★★★★★★★★★★★

우주 비행사 우주를 비행하는 사람. 러시아 사람들은 '우주 비행사를 '코스모노우트'라고 해요.

우주 왕복선 우주 탐사 계획에 이용되는 우주선으로 로켓처럼 이륙하고 비행기처럼 착륙하는 미국의 우주선으로 우주탐사 계획에 이용되고 있어요. 미항공우주국(NASA)에서 만들어 1977년 8월 12일 실험기 '엔터프라이즈호'가 유인 단독 착륙시험에 성공하였고, 1981년 4월 12일 우주로 발사되어 4월 15일 무사히 지구에 귀환하였지요.

퀴즈! 퀴즈!
1. 최초로 우주 비행을 한 동물은 무엇일까요?

(개 이름은 라이카 뭄윷)

는 실험을 하기 위해 이 국제 우주 정거장을 이용하고 있답니다. 또한 과학자들은 끊임없이 팽창하는 우주의 신비를 연구하기 위해 이 정거장을 이용하기도 하지요.

비록 우주 정거장이 예전처럼 뜨거운 경쟁의 무대가 되고 있지는 않지만 우주 비행사들은 우주 탐험에서 매일 새로운 발견들을 하고 있어요. 2003년에는 중국도 40년 전에 구 소련이 우주 비행사를 우주로 보냈던 것과 유사한 우주선을 발사하였지요. 최초의 중국인 우주 비행사는 우주 여행을 마치고 무사히 지구로 돌아왔답니다.

많은 과학자들과 우주 비행사들은 수년 동안 그들이 달에 착륙했던 것처럼 화성에도 인간을 보내 착륙하는 방안을 논의해 왔어요. 중국인들은 2010년 전까지 달에 그들의 우주 비행사를 보낼 계획을 갖고 있지요. 또한 달에서 영구적으로 정착하는 논의도 이루어지고 있답니다.

천문학자들 역시 많은 계획을 갖고 있는데, 그 중 하나는 태양계를 탐사하기 위하여 더 많은 우주 탐사선을 보내는 거예요. 어떤 과학자 그룹은 타이탄이라는 토성의 위성에 우주 탐사선을 착륙시킬 계획을 갖고 있다고도 해요.

우주에 또 다른 생명체가 있을 가능성

여러분은 아마도 화성에서 온 작은 녹색인간에 관한 터무니없는 이야기를 들어 본 적이 있을 거예요. 혹은 멀리 떨어

진 행성에서 지구를 방문한 이상하게 생긴 우주인이 주연을 맡은 영화를 본 적이 있겠죠? 하지만 지구 밖의 우주 생활은 단지 공상과학 작가들이나 영화 제작자들만을 위한 주제가 아니랍니다. 과학자나 천문학자들은 인간과 다른 형태의 생물체가 우주 어느 곳에선가 살고 있을 것으로 추측하고 있어요. 지금도 우주에서 자신의 주어진 임무를 수행하고 있는 보이저 호 안에는 지구가 아닌 다른 외계 생명체와 마주칠 경우를 대비해 소리와 영상을 재생할 수 있는 디스크와 55개 나라 언어로 녹음된 축하인사, 지구에 관한 정보, 지구의 생활상에 관한 사진 등이 담겨 있답니다. 비록 아무도 우주에 생물체가 존재한다는 사실을 입증하지는 못했지만, 많은 과학자들은 여전히 그 가능성을 인정하고 있는 것이지요. 우주에 수십 억 개의 별들이 존재한다는 사실을 알고 있는 사람이라면 누구라도 그렇게 생각할 거예요. 비록 태양계 밖에 있는 가장 가까운 별인 켄타우루스 좌의 알파성에

우주 용어 사전

우주 정거장 지구 궤도에 건설되는 대형 우주 구조물로 우주 비행사들이 반영구적으로 생활하면서 우주 실험이나 우주 관측을 하는 기지.

도달하는 데만도 10만 년 이상 걸린다고 하더라도 말이지요. 언젠가는 우주선을 타고 우주를 자유롭게 날아다닐 날이 올 테니까요.

우주의 생명체를 찾기 위한 최고의 방법은 바로 듣는 거예요. 왜냐하면 라디오의 전파는 더 빨리, 그리고 더 멀리 나아갈 수 있기 때문이지요. 과학자들은 다른 행성의 지능을 갖고 있는 생명체들은 의사소통을 하기 위해 그런 방법을 사용할 것이라고 추측한답니다.

1960년대 이후 천문학자들은 멀리 떨어진 별을 향해 거대한 전파 망원경을 설치하였어요. 전파 망원경으로 우주인들이 보내는 전파를 탐지하려는 것이지요. 또한 이들 과학자들은 레이저 플래시와 같은 신호들도 찾기 시작했답니다. 그러나 지금까지는 아무런 결과도 얻어내지 못하였어요. 그럼에도 우주탐사에 대한 계획과 도전은 멈추지 않을 거예요.

우주의 도전

스타워즈와 같은 영화는 우주 여행이 무척 쉬운 것처럼 보여 줍니다. 우주선이 지구 대기권을 벗어나 다른 행성으로 날아가는 모습은 마치 비행기를 타고 제주도를 가는 것처럼 어렵지 않아 보이니까요.

하지만 우리는 지구 대기권 밖으로 우주선과 사람을 실어 보내는 일이 매우 어려운 일이라는 것을 잘 알고 있답니다.

러시아와 미국은 1986년 1월 28일 첼린저 호가 이륙 직후에 폭발하여 7명이 목숨을 잃은 것을 포함하여 많은 인명사고를 경험해야 했어요. 또한 2003년 2월에는 우주 왕복선 콜롬비아 호가 우주 탐사를 마치고 귀환하기 위해, 지구의 대기권에 돌입했을 때 선체가 폭발하여 우주 비행사 전원이 사망하기도 했답니다. 연구자들은 실수에서 배운 지식을 더욱 안전한 우주 왕복선을 만들기 위해 활용한답니다. 우주여행은 여전히 흥미롭지만, 아직은 위험한 일로 남아 있지요.

우주 왕복선인 아틀란티스 호가 우주 정거장 미르 호와 분리되는 모습

여러분이 할 수 있는 것은 무엇일까?

여러분은 천문학자가 되기 위해 자신만의 우주선이나 천문대를 가질 필요는 없어요. 만약 여러분이 언제, 무엇을 볼 수 있는지 알고 있다면 뒷마당이나 공원 또는 시야가 넓게 트인 공간 등에서 그것들을 관찰할 수 있을 테니까요. 여러분의 지식과 눈을 통해 밤하늘에 떠 있는 아름다운 천체의 모습을 관찰할 수 있는 것이지요. 또, 이 책 말미에 있는 봄·여름·가을·겨울 별자리는 여러분이 밤하늘에서 별자리를 쉽게 찾을 수 있도록 도움을 줄 거예요.

오늘날 별자리로 인정을 받는 것은 88개이며, 병사에서 용, 강에 이르기까지 다양한 형태와 모양을 가지고 있어요. 가장 잘 알려진 별자리는 '황도12궁'이라고 일컬어지는 12개의 별자리예요. 이 별자리들은 하나의 선으로 연결할 수 있으며, 하늘을 가로지르듯이 일련의 진로를 따라 움직여요. 이 12궁에 대해서는 차후에 더 배우도록 할 거예요.

빛 공해

대도시에서는 오염된 공기와 밝은 빛 때문에 별을 보기가 무척 어려워요. 하지만 여러분은, 우리의 눈이 밝은 빛 속에 있다가 어두운 곳에 들어갔을 때에 스스로 조리개를 조절해 어둠에 적응할 수 있도록 해 준다는 걸 잘 알고 있을 거예요. 그와 마찬가지로 여러분은 머지않아 여러분이 찾고자 하는 별자리를 금방 찾을 수 있답니다.

좀더 뚜렷하게 별자리를 관찰하고 싶다면 여

> **퀴즈! 퀴즈!**
>
> 1. 하늘의 별들을 찾아내기 쉽게 몇 개씩 이어서 그 형태에 동물, 물건, 신화 속의 인물 등의 이름을 붙여 놓은 것을 무엇이라고 할까요? 그리고 북극성을 포함하고 있는 별자리는 무엇일까요?
>
> 별자리, 큰곰자리

러분이 살고 있는 집 앞마당보다는 뒷동산에 올라가 밤하늘을 관찰하는 것이 훨씬 더 잘 볼 수 있답니다.

별자리 표로 별 관찰하기

우리가 살고 있는 지구는 자전과 함께 끊임없이 태양 주위를 돌며 공전을 하고 있어요. 다시 말해, 밤하늘은 우리가 그것을 눈치채지 못하는 사이에도 끊임없이 움직이고 있지요. 밤하늘의 별자리를 찾고 싶다면 현재의 시간과 날짜를 알고 별자리 표를 참고하면 쉽게 찾을 수 있답니다.

여러분이 정말 찾고 싶은 별자리가 있다면 가장 먼저 시간과 달을 알아두어야 해요. 그런 다음, 별자리 표를 확인하고 동서남북 방위를 정확히 인지해야 하지요.

이제 준비가 되었으면, 후레쉬를 들고 앞마당이나 뒷동산으로 올라가 밤하늘을 올려다 보세요. 수없이 많은 별들이 깜박이는 경이로움을 느끼면서 별자리를 찾다 보면 여러분은 스스로가 자연의 일부가 되는 즐거움을 경험하게 될 거예요.

혹시나 모래알 같은 별들 중에 여러분이 찾고자 하는 별자리의 모양이나 그림이 그려지지 않는다면 다시 한번 별자리 표를 하늘과 대비시킨 후, 후레쉬로 확인해 보세요. 그러면 밤하늘의 동물원에 와 있는 것 같은 즐거운 경험을 하게 될 거예요.

밤하늘의 별자리

북두칠성과 큰곰자리

모든 사람들이 가장 좋아하는 별자리(그리고 가장 찾기 쉬운)는 북두칠성일 거예요. 우리 나라를 포함한 많은 장소에서 1년 내내 볼 수 있기 때문이지요. 우리는 보통 이것을 큰 숟가락이나 국자라고 묘사하지만, 다른 나라 사람들은 수레나 마차 또는 동물이라고 생각했답니다. 그리스 신화에 의하면 이 큰곰자리의 곰은 아르카스의 어머니 칼리스토가 변한 곰이라고 해요. 칼리스토는 제우스와 결혼해 아르카스를 낳았는데, 그것을 알게 된 제우스의 아내 헤라 여신이 칼리스토를 괴씸하게 생각해 곰으로 만들었던 거예요. 큰곰자리는 여름엔 하늘에서 가장 높은 곳에 있고, 겨울에는 가장 낮게 위치하고 있어요. 아메리카 인디언들의 전설에 따르면, 곰이 추운 겨울에 동면할 장소를 찾기 때문이라고 하네요.

작은곰자리

작은곰자리는 큰곰자리 바로 위에서 찾을 수 있어요. 이 작은곰자리는 큰곰자리보다는 작은데, 그리스 신화에 따르면 큰곰으로 변한 칼리스토의 아들 아르카스가 변한 곰이라고 하지요. 작은곰자리의 가장 밝은 점이 바로 북극성이랍

별 찾아보기

앞쪽에 설명했듯이, 북두칠성은 찾기가 매우 쉬워요. 왜냐하면 매우 클 뿐 아니라 밝기 때문이지요. 또한 북두칠성은 1년 내내 볼 수 있지만, 1월에서 10월 사이에 특히 눈에 잘 보인답니다. 북두칠성은 일반적으로 하늘의 북쪽에서 찾을 수 있지요. 한국과 중국에서는 인간의 수명을 관장하는 별자리로 여겼다고 해요.

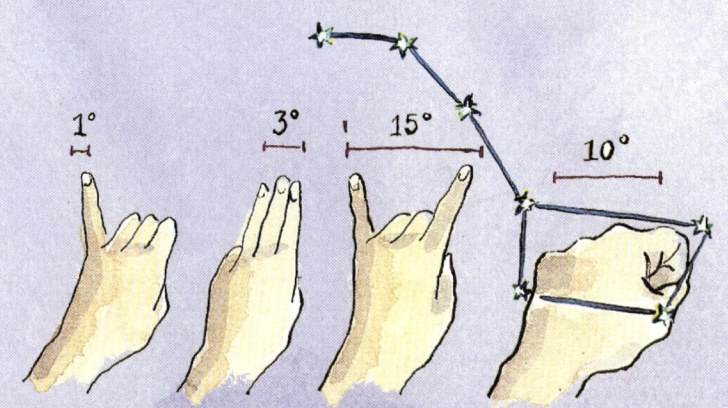

니다. 북극성은 북쪽을 가리키는 별, 혹은 '폴라리스' 라고 불리기도 해요. 그렇기 때문에 여러분이 북극성과 마주보고 있을 때는 북쪽을 바라보고 있다는 것을 확신해도 된답니다. 옛날 배를 타고 항해를 하던 사람들은 이 북극성을 보고 길을 찾았다고 하지요. 여러분 또한 북극성을 찾을 수만 있다면 나침반을 사용하지 않고서도 어디를 향하고 있는지 알 수 있답니다.

만약 여러분이 북두칠성을 찾을 수 있다면 쉽게 작은곰자리를 찾을 수 있을 거예요. 그리고 북두칠성의 숟가락 끝을 연결해 주는 두 별을 잇는 선을 그려본다면 곧 북극성을 만날 수 있지요. 그것이 작은곰의 꼬리 끝이랍니다.

별 지도를 그려보기

만약 여러분이 주먹으로 북두칠성을 가리키고 있다면, 여러분의 손은 북두칠성의 국자 안에 들어맞을 거예요. 천문학자들은 지구에서 북두칠성이 있는 하늘까지 거리를 측정하면 약 10도 정도라는 것을 계산해 냈어요. 그러나 이것은 얼마나 뜨겁고 차가운지를 측정하는 온도계의 온도가 아니에요. 거리를 측정하는 단위이지요.

하늘에 크고 검은 천이 펼쳐져 있고 별들이 점으로 여기저기에 흩뿌려져 있다고 상상해 보세요. 이 때 하늘을 가로지르는 거리는 각도로 측정할 수 있는데, 1도는 여러분이 새끼손가락을 하늘을 향해 들었을 때의 폭과 거의 같답니다. 세 손가락을 모아서 펴면 5도 정도가 되며, 새끼손가락과 검지를 소의 뿔처럼 넓게 펴면 15도 정도가 되지요. 하지만 사람마다 손의 크기가 다르기 때문에 약간의 차이는 있을 거예요.

팔을 쭉 편 다음, 북두칠성과 북극성 사이의 거리를 측정해 보면 약 28도 정도가 된답니다.

퀴즈! 퀴즈!

★★★★★★★★★★★★★★★★★★★★★★★★★★★★★★

1. 예로부터 항해를 하는 뱃사람들의 나침반 역할을 해 준 밤하늘의 별을 무엇이라고 할까요?

정답은 뒤에

는 제우스에게 부탁해 오리온을 별자리로 만들어 주었지요.

큰개자리

큰개자리는 오리온자리 옆에 있어요. 그래서 오리온이 데리고 다니던 사냥개라는 이야기가 전해지지요. 큰개자리의 목에는 시리우스라고 불리는 별이 있는데, 쌍성으로 봄·여름·가을·겨울 모든 밤하늘에서 가장 빛나는 별이랍니다. 시리우스가 이렇게 밝은 것은 태양계로부터 8.6광년밖에 떨어져 있지 않은 다섯 번째 별이기 때문이지요. 태양보다도 20배 이상 밝답니다.

오리온자리

오리온자리는 밤하늘에서 가장 크고 밝은 별자리 중의 하나로 사냥꾼이 서 있는 모양이에요. 이 거대한 사냥꾼은 허리 쪽에 3개의 밝은 별로 이루어진 벨트를 차고 있고, 어깨 부분에는 '베텔게우스(거인의 어깨)'라는 초거성(거대한 별)이 위치하고 있지요. 또 다른 밝은 별인 리겔은 사냥꾼의 무릎 쪽에 있답니다. 그리스 신화에 따르면 오리온은 태양의 신 아폴론의 동생 아르테미스와 사랑에 빠졌는데 오빠인 아폴론의 계략으로 아르테미스가 쏜 화살을 맞고 죽었다고 해요. 슬픔에 빠진 아르테미스

유니콘자리

이마에 빛나는 뿔을 가진 말 유니콘자리는 그림에서 오리온자리의 왼쪽, 큰개자리의 위 쪽에 있어요. 오리온의 어깨에 있는 베텔게우스를 찾아낸다면 바로 옆에 있는 유니콘자리를 찾을 수 있을 거예요. 유니콘자리는 겨울철 별자리 중에 1등성이 한 개도 없는 어두운 별이랍니다.

별 이야기

우리는 고대 그리스 로마 신화와 다른 나라의 신화로부터

별자리에 관한 많은 이야기들을 들었어요. 신과 영웅에 관한 이야기는 오랫동안 우리들에게 전해져 왔으며, 별자리와 관련된 몇몇의 신화는 매우 유명하지요. 하지만 고대 그리스 로마 인들이 최초의 별 관찰자는 아니랍니다. 그런 이야기들을 기억하면서 별자리를 찾는다면 여러분은 또 다른 경험을 하게 될 거예요.

별 측정하기

앞서 말한 것처럼 오리온자리와 큰개자리는 하늘에서 가장 밝은 별들을 포함하고 있는데, 이처럼 모든 별은 밝기가 달라요. 천문학자들이 별이 얼마나 밝은 빛을 내는가 측정할 때는 광도라는 단위를 사용하지요. 광도의 등급은 6.0(아주 희미한 별들)에서 0(가장 밝은 별들)으로 나눌 수 있답니다. 어떤 것들은 이 등급을 넘어가는데, 바로 태양이나 달과 같은 행성들이 그래요. 따라서 태양과 달은 0을 넘어서 마이너스 눈금으로 향하지요. 달의 광도는 −12.6이고 태양은 −26.8이랍니다.

그러나 높은 광도를 지닌 별이라 해서, 실제로도 더 밝은 빛을 내는 것은 아니에요. 지구와 가까운 별은 멀리 있는 별보다 더 밝아 보이기 때문이지요. 그래서 천문학자들은 광도를 2가지 방식으로 나눕니다. 실시등급에 의한 광도 측정은 지구에서 볼 때, 별이 얼마나 밝은지를 측정하는 것이고, 절대등급 광도 측정은 실제로 별이 얼마나 밝은지를 측정하는 것이지요(위에서의 달과 태양의 밝기 측정은 실시등급 광도예요).

우주 용어 사전

황도 지구에서 관측했을 때, 천구라는 가상의 원 위에서 태양이 이동하는 경로. 천구의 적도와 황도가 만나는 점을 춘분점, 추분점이라고 해요. 황도가 통과하는 12개의 별자리는 '황도12궁'이라고 하지요.

퀴즈! 퀴즈!

1. 황도12궁의 명칭을 모두 말해 보세요.

정답: 물고기자리, 물병자리, 염소자리, 궁수자리, 전갈자리, 천칭자리, 처녀자리, 사자자리, 게자리, 쌍둥이자리, 황소자리, 양자리.

별 찾아보기

오리온자리, 큰개자리, 그리고 유니콘자리를 찾는 가장 좋은 시기는 1월 경이랍니다. 만약 여러분이 별자리 표를 확인하고 이들 별자리를 찾아본다면, 지평선 위의 먼 곳이 아닌 남쪽 하늘에서 발견할 수 있을 거예요. 큰개자리는 하늘에서 아주 낮은 곳에 있으며, 주인인 오리온을 바라보는 것처럼 보일 거예요. 유니콘자리는 큰개자리 위에 있으며, 또한 오리온(사냥꾼)의 왼쪽을 향하고 있답니다.

밤하늘에 가장 빛나는 10가지 별들

별	실시등급 광도	절대등급 광도	지구로부터의 거리(광년)
시리우스	−1.46	1.4	8.7
카노푸스	−0.72	−2.5	316
알파성	−0.29	4.1	4.28
아르크투르스	−0.04	0.2	36
직녀성	0.04	0.6	25
카펠라	0.08	0.4	42
리겔	0.11	−8.1	775
프로키온	0.37	2.6	11.4
아케르나르 성	0.46	−1.3	144
베텔게우스	0.5	−7.2	430

페가수스

우리는 여러 가지 방식으로 별자리를 볼 수 있다는 것을 알고 있어요. 몇몇 사람들은 우리가 북두칠성을 볼 때, 큰 숟가락의 그림을 보는 반면, 다른 어떤 사람들은 고삐에 묶인 말이 끄는 4륜 마차를 보기도 하지요. 이는 사람들이 별자리가 상징하는 사물에 동의하더라도, 서로 보는 방식이 다르기 때문이랍니다.

날개가 달린 말 페가수스도 좋은 예라고 할 수 있어요. 대부분의 별 관찰자들은 4개 중 3개의 큰 사각형자리가 날개를 이루는 형태라는 데 동의해요. 하지만 하늘에서 이 동물의 전체 윤곽을 상상할 때, 말의 반 정도를 볼 뿐이지요. 신화에 따르면 젊은 용사 벨레레폰이 페가수스를 타고 머리는 사자, 몸통은 염소, 꼬리는 뱀 또는 용의 형상인 괴물 키메라를 처치했다고 해요. 그 후 페가수스는 올림포스 산으로 가 제우스의 마굿간에서 지내다가 죽은 후 하늘로 올라가 별자리가 되었답니다.

안드로메다

많은 천문학자들은 큰 사각형자리에서, 세 개의 별이 페가수스의 날개에 있다는 데 주의를 기울였어요. 그리고 네 번째 별은 또 다른 별자리인 안드로메다와 연결되어 있다는 걸 알아냈지요. 큰 사각형자리의 네 번째 별인 알페라츠는 안드로메다의 머리에 해당되며, 나머지 별은 하늘을 향해 뻗고 있는 여성의 모습을 그리고 있답니다. 특히 맑은 밤이면 안드로메다 오른 편에 흐릿한 점을 볼 수 있는데, 그것이 바로 안드로메다 은하랍니다. 즉 육안으로 볼 수 있는 은하로 지구에서 가장 멀리 떨어져 있으며, 거리는 270만 광년이나 되지요. 그리스 신화에서 안드로메다의 어머니는 딸의 미모를 지나치게 자랑하다가, 바다의 신들에게 분노를 샀다고 해요. 바다의 신들은 안드로메다의 나라를 파괴하기 위해 괴물을 보냈고, 왕은 어쩔 수 없이 아름다운 딸 안드로메다를 제물로 바칠 수밖에 없었지요. 그 때, 메두사를 해치우고 돌아가던 페르세우스가 안드로메다의 비명 소리를 듣고 달려와 그녀를 구해 주었다고 해요.

헤라클레스

헤라클레스자리는 그리스 신화에서 가장 강하고 용감한 영웅의 이름을 따온 이름이에요. 하지만 헤라클레자리에 위치한 별들은 희미하기 때문에 알아 보기 어렵답니다. 헤라클레스는 제우스와 인간 사이에서 태어났는데, 헤라 여신의 미움을 받아 12가지 모험을 떠난 이야기로 유명해요. 헤라클레스자리에 있는 별들을 연결하면 헤라클레스가 거대한 곤봉을 들고 있는 그림이 만들어진답니다.

백조자리

백조자리는 때때로 큰 십자가처럼 보여서 북십자성이라고도 불려요. 이 크고 밝은 별자리는 대문자 'T'처럼 펼쳐진 별의 두 열을 포함하고 있지요. 백조자리의 별들 중 눈에 띄는 별은 백조 꼬리에서 반짝이는 데네브예요. 데네브는 1500광년 거리의 거성이지요. 그리스 로마 신화에 따르면 이 백조자리는 제우스 신이 레다라는 아름다운 여성의 마음을 사로잡기 위해 변했던 백조라고 전해진답니다.

별 찾아보기

페가수스, 안드로메다, 백조, 그리고 헤라클레스 별자리를 볼 수 있는 최적의 시기는 늦여름과 가을 사이예요. 별자리 표를 펼치고 큰 사각형자리를 찾아보세요. 그런 다음 하늘에서 이를 알아볼 수 있는지 보세요. 페가수스의 날개와 페가수스가 북극성을 향해 날아가는 것처럼 보이나요? 큰 사각형자리의 가장 높은 별은 안드로메다의 머리 부분이 된답니다. 안드로메다자리는 북쪽을 향해 자신의 발을 뻗고 있는 듯한 형상이지요. 백조는 페가수스의 서쪽에 있으며, 안드로메다로부터 날아가는 것처럼 보여요. 또한 백조의 부리는 헤라클레스의 왼발을 향하고 있으며, 헤라클레스는 땅을 향하여 곤봉을 막 내리치려는 형상을 하고 있답니다.

황도 12궁

하늘에 있는 88개의 별자리 중에서 12개는 유달리 특별해요. 바로 앞서 우리가 배웠던 황도 12궁 별자리지요. 모두 찾기가 쉽지 않은 것들이지만 태양계에서 다른 행성을 볼 수 있는 위치를 표시해 주기 때문에 알아두면 좋답니다.

태양 및 행성들은 하늘을 가로질러서 이동하는데, 별과 별 사이의 좁은 지대를 따라서 통과해요. 그래서 설정된 진로를 따라 지나가는 것처럼 보이며, 절대로 그 밖으로는 나가지 않지요(여러분은 태양 뒤편의 별자리를 볼 수가 없어요. 왜냐하면 태양은 하늘에 있는 별보다 더 밝기 때문이지요. 그러나 여러분이 더욱 많은 것을 알게 되면, 여러분 역시 그 코스를 따라서 별자리의 움직임을 볼 수 있답니다). 이 진로를 황도라고 한답니다.

한편 무리를 이루고 있는 별자리는 거대한 벨트처럼 지구의 주위를 감싸고 있어요. 그래서 어떤 밤에는 5개에서 6개의 12궁 별자리가 순서대로 하나씩 이어지는 것처럼 보일 때도 있답니다.

12궁은 사람과 형상, 그리고 동물의 이름을 딴 12개의 별자리를 포함하고 있어요.

약 4,000년 전에 별 관찰자들은 하늘의 별과 행성의 위치가 지구에서 실제로 일어난 일들을 조정하거나 예견한다고 믿었지요.

예를 들어, 화성이 붉기 때문에 전쟁이나 분노와 관련시켜서 생각한 것처럼요. 즉 화성의 외관이 큰 전쟁이 일어나기 전의 예고처럼 여겼던 거예요. 뿐만 아니라 이들은 별자리도 지상에서 일어나는 사건들을 지배하는 힘을 갖고 있다고 생각하였지요.

예를 들어 어떤 별자리는 1년 중, 특히 비가 많이 내리는 기간에 나타나곤 하였답니다. 그래서 사람들은 이 별자리를 물병

예술적인, 근심어린, 예민한
물고기자리
2월 19일~3월 20일

호기심 많은, 외향적인, 독립적인
물병자리
1월 20일~2월 18일

야망을 가진, 신중한, 실용적인
염소자리
12월 22일~1월 19일

행복한, 관대한, 활동적인
궁수자리
11월 22일~12월 21일

비밀주의의, 열정적인, 음성적인
전갈자리
10월 23일~11월 21일

감동적인, 친절한
천칭자리
9월 23일~10월 22일

자리, 혹은 물수 레라고 불렀지요. 12궁을 대표하는 12개의 별자리는 대략적으로 한 달 단위로 1년의 시간을 나타내요. 오랫동안 그리스인들은 사람의 성격이 별자리나, 출생 순간에 태양이 지나쳤던 '별자리'에 영향을 받는다고 믿었답니다(만약 여러분이 3월 초에 태어났다면, 당신은 물고기자리인 별자리에서 태어난 것이죠).

이러한 12궁 별자리에 관한 연구를 점성학이라고 하는데, 어리석게 들릴지 모르지만, 점성학은 수세기 동안 과학적인 사실처럼 간주되었어요(오늘날, 수백 만 명의 사람들이 매일 점성술에 의한 예언을 읽기 위해 신문을 본다는 것을 알고 있나요?).

대부분의 사람들은 재미로 읽지만, 어떤 사람들은 점성학이 예견하고 있는 일을 믿기도 하지요. 하지만 12궁 별자리에 관한 연구나 기준이 우리들의 삶에 영향을 미쳤다는 것은 과학적으로 입증되지 않았답니다. 모든 사람들의 생일은 12궁 중의 하나에 해당돼요. 점성술을 믿는 사람들은 별자리가 우리들의 성격을 결정한다고 말하지요. 그들은 양자리에서 태어난 사람들은 숫양처럼 강하고 에너지가 넘친다고 주장해요. 또 황소자리에서 태어난 사람들은 고집이 세다고 하지요.

여러분도 이 페이지에서 친구들이 태어난 별자리를 찾아보고 그런 주장이 맞는지 한번 알아 보세요.

우주 용어 사전

황도 지구에서 볼 때 태양과 행성이 이동하는 거대한 상상의 진로
점성학 사람들의 삶에 있어 별과 우주에 있는 다른 사물이 미치는 효력의 연구.
점성술 우리 미래를 예측할 수 있는 별과 행성의 위치에 기반을 둔 예언.

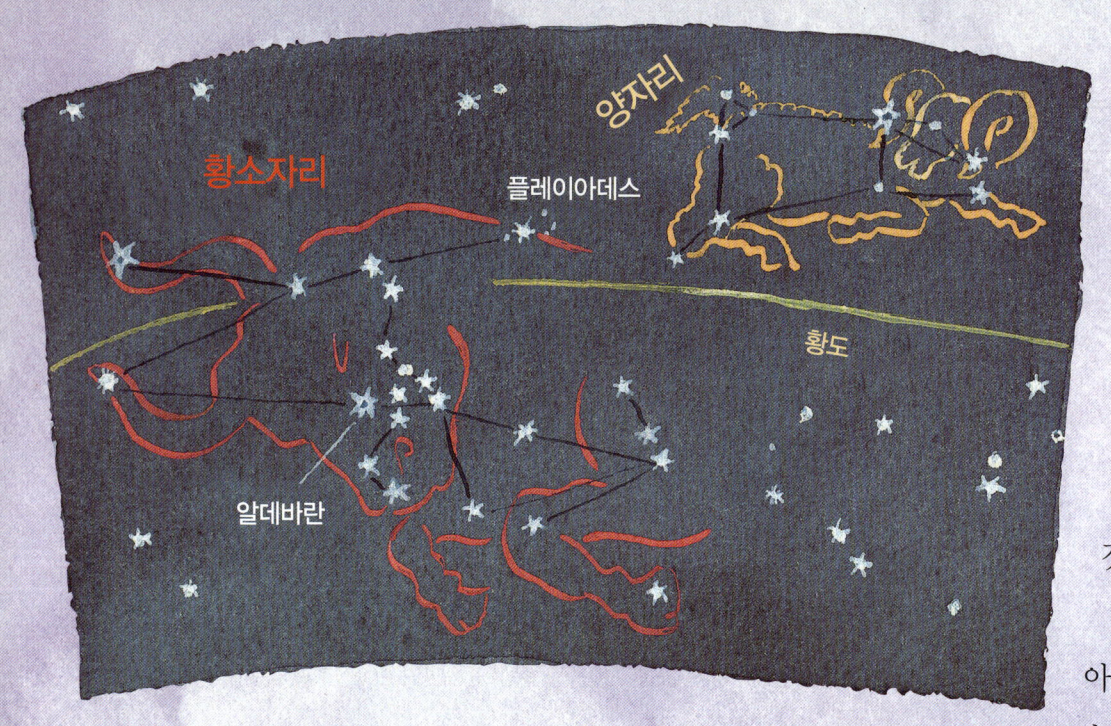

황소자리

양자리 옆에는 타우루스라고 불리는 황소자리가 있어요. 황소자리 중의 한 부분은 매우 어리고 아름다운 별들로 무리를 이룬 플레이아데스로 되어 있지요. 우주에서 어리다는 것은 5천만 년 정도 된 별을 의미해요.

일찍이 그리스 인들은 황소자리가 페니키아의 아름다운 공주 에우로파를 유혹하기 위해 제우스가 변했던 흰 소라고 생각했어요. 에우로파는 제우스가 변신한 흰 소를 발견하고 귀여워하다 소 등에 올라탔지요. 그러자 제우스는 에우로파를 등에 태우고 크레타 섬으로 갔어요. 그런 다음 다시 본래의 제우스 모습으로 돌아와 에우로파와 결혼을 했지요. 에우로파는 목성의 4대 위성 중 하나의 이름이기도 하답니다.

양자리

12궁의 첫 번째 별자리는 양자리예요. 그리스 신화에 따르면 아마타스의 아내 이노는 전처 네펠레가 낳은 아들 프릭소스와 딸 헬레를 미워하여 흉계를 써 그들을 없애려고 하였어요. 그것을 안 전처 네펠레는 황금양을 보내 프릭소스와 헬레를 구해내지요. 그런데 바다를 건너 날아갈 때 헬레는 그만 황금양의 등에서 떨어져 죽고 말았답니다. 그 때부터 헬레가 빠져 죽은 해협을 '헬레의 바다' 라는 뜻인 헬레스폰투스 또는 헬레스폰트라고 불리게 되었지요. 그 후, 프릭소스는 콜키스로 가서 아이에테스 왕의 딸 칼키오페와 결혼했고, 황금양은 제우스에게 바쳐져 별자리가 되었답니다.

별 찾아보기

양자리와 황소자리는 12월 경에 찾기가 가장 쉬워요. 별자리 표를 보고 위치를 확인한 후에 남반구 밤하늘에서 양자리와 황소자리를 찾아보세요. 황소자리를 찾으면 오리온자리(오리온은 자신의 화살을 황소자리에 겨누고 있는 것처럼 보임)를 찾기도 쉬울 거예요.

가 있는 하늘나라에서 두 형제가 같이 지낼 수 있게 해 주었어요. 그리고 두 형제를 별자리로 만들어 하늘에 올려 주었답니다.

게자리

게자리의 알파별은 4.3등성으로 태양계에서 약 100광년쯤 떨어져 있어요. 그리스 신화에 따르면 이 게는 헤라클레스를 싫어하는 헤라의 명령을 받고 거대한 물뱀과 싸우는 헤라클레스를 괴롭혀요. 하지만 게는 헤라클레스의 다리에 밟혀 다리 하나를 잃고 죽고 말았지요. 헤라 여신은 게를 불쌍히 여겨 하늘의 별자리로 만들어 주었답니다.

쌍둥이자리

쌍둥이자리는 폴룩스와 카스토르라는 매우 밝은 두 별을 포함하고 있어요. 폴룩스는 1.2등성으로 2등성인 카스토르보다 더 밝지요. 그리스 신화에 따르면 카스토르와 폴룩스는 아름다운 자매를 차지하기 위해 그녀들의 약혼자와 결투를 벌이게 되었어요. 그런데 그 결투에서 형인 카스토르가 죽고 말았지요. 하지만 동생 폴룩스는 죽지 않는 몸을 가졌기 때문에 홀로 살아남았어요. 폴룩스는 너무나 슬픈 나머지 제우스를 찾아가 자신도 형을 따라 죽게 해 달라고 부탁했지요. 두 형제의 우애에 감탄한 제우스는 폴룩스의 청을 받아들여 하루는 카스토르가 있는 저승에서 하루는 폴룩스

별 찾아보기

쌍둥이자리와 게자리는 2월에 가장 찾기가 쉬워요. 쌍둥이자리와 게자리는 둘 다 황소자리의 동쪽에 누워 있는 듯한 모양을 하고 있지요. 큰개자리와 북극성 사이를 상상의 선으로 연결해 보면, 쌍둥이자리가 그 중간에 위치한답니다. 이 별들은 매우 희미하기 때문에 게자리는 아마도 밤하늘에서 가장 찾기 어려운 별자리 중의 하나일 거예요. 이 때 쌍안경으로 보면 찾을 수 있지요. 게자리는 큰곰자리의 바로 아래에, 그리고 가장 찾기 쉬운 쌍둥이자리의 동쪽에 있다는 것을 명심하세요.

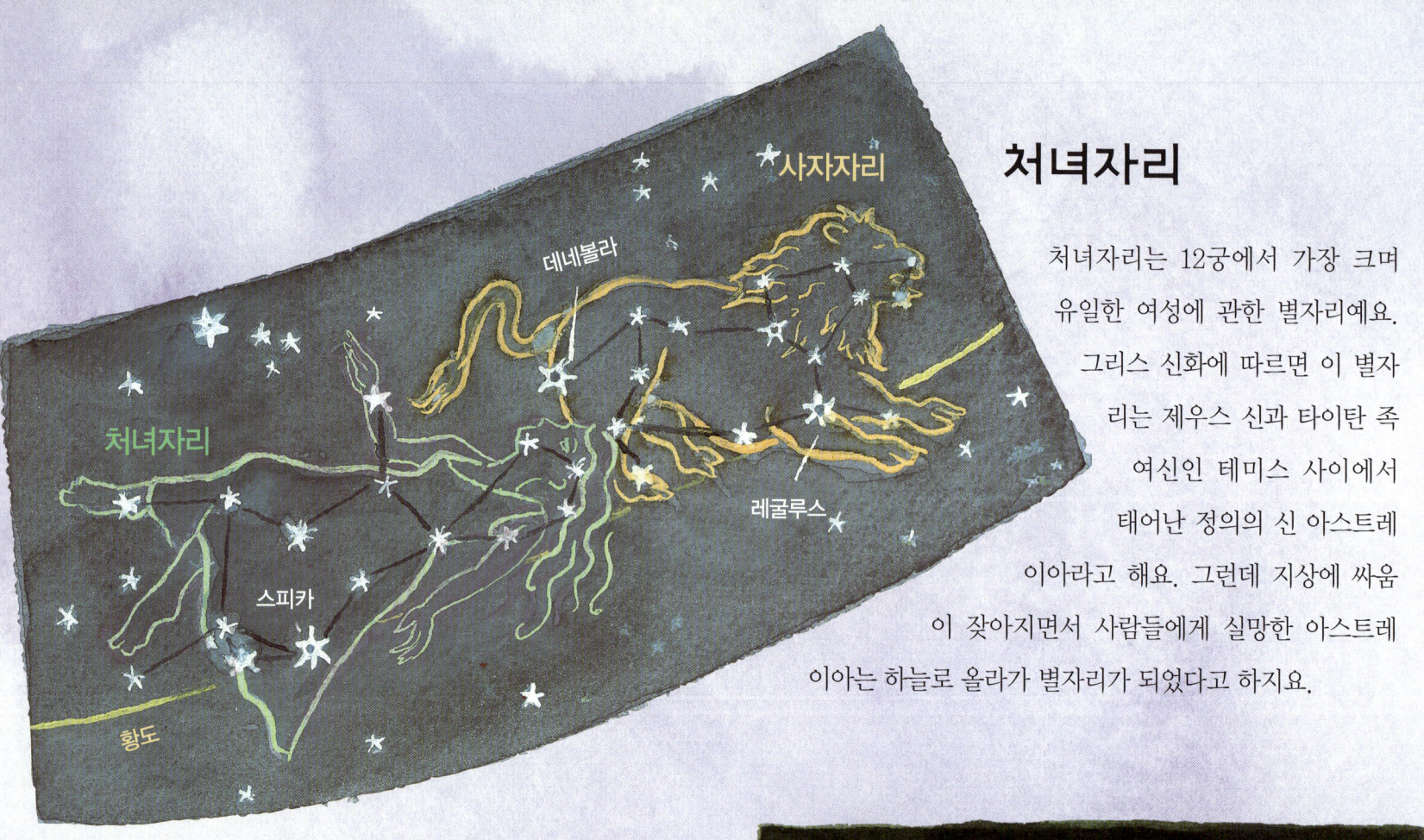

처녀자리

처녀자리는 12궁에서 가장 크며 유일한 여성에 관한 별자리예요. 그리스 신화에 따르면 이 별자리는 제우스 신과 타이탄 족 여신인 테미스 사이에서 태어난 정의의 신 아스트레이아라고 해요. 그런데 지상에 싸움이 잦아지면서 사람들에게 실망한 아스트레이아는 하늘로 올라가 별자리가 되었다고 하지요.

사자자리

그리스 신화에 따르면 헤라클레스는 헤라 여신의 계략에 빠져 12가지 모험을 하게 되는데, 그 첫 번째가 황금빛 사자와의 싸움이에요. 헤라클레스는 어떤 무기도 뚫을 수 없는 황금빛 털가죽을 가진 사자를 맨손으로 목을 비틀어 해치웠지요. 그러고는 그 가죽을 벗겨 자기가 입고 다녔다고 해요. 제우스는 헤라클레스의 승리를 기념하기 위해 죽은 사자를 하늘의 별자리(사자자리)로 만들었답니다.

별 찾아보기

사자자리와 처녀자리는 4월 경에 쉽게 찾을 수 있어요. 별자리 표를 확인한 후에 밤하늘을 쳐다보면 가장 높은 지점의 약간 남쪽에서 사자자리와 처녀자리를 볼 수 있지요. 사자자리는 12궁에서 찾기가 가장 쉽답니다. 이 별들은 밝기 때문에 애써서 사자 그림에 대한 상상력을 동원할 필요도 없지요. 처녀자리는 넓은 윤곽으로는 쉽게 볼 수 있지만, 주변에는 수천 개의 큰개자리가 밀집되어 있어서 이 별자리를 보려면 아주 강력한 망원경이 필요하답니다.

천칭자리

천칭자리는 2.8등성인 알파별 주벤엘게누비 주위에 있는 두 별과 작은 삼각형을 이루고 있으며, 양끝에 두 개의 접시가 달린 저울 모양이에요. 일찍이 별 관찰자들은 천칭자리가 처녀자리에 속해 있으며, 그녀가 정의를 찾아 지구를 방랑할 때, 공평함을 재는데 천칭을 사용했다고 믿었답니다. 천칭자리의 별들은 매우 희미하기 때문에 찾기가 어려운 별자리 중의 하나랍니다.

별 찾아보기

천칭자리와 전갈자리는 6월에 가장 잘 보이며, 밤하늘에 지평선에 닿을 정도로 낮은 곳에서 찾을 수 있어요. 천칭자리의 가장 오른편 저울의 바닥에서 주벤엘게누비라는 별을 찾아보세요. 그리고 안타레스는 전갈의 집게발이 시작되는 전갈자리 등 가운데에 있지요.

전갈자리

전갈자리는 정말로 재미있게 찾을 수 있는 별자리랍니다. 왜냐하면 그 명칭처럼 정말로 전갈과 닮았기 때문이지요. 전갈자리를 쳐다보면(어떤 이는 스콜피우스라는 라틴어로 부르기도 합니다), 독이 있는 꼬리와 머리 부근에 집게를 가진 긴 전갈의 모습을 그리기가 쉽답니다. 또한 전갈자리는 안타레스라는 밝은 별을 포함하고 있는데, 화성처럼 붉은 색을 띠고 있습니다. 안타레스는 매우 먼 곳에 있지만, 태양보다 300배나 큰 거대한 별이랍니다.

그리스 신화에 따르면 오리온이 하늘에 나타나 동물들을 사냥하자 아폴로 신이 오리온을 죽이기 위해 전갈을 풀어놓았다고 해요. 그래서 지금도 전갈이 오리온을 쫓아다니지만 여저히 오리온을 따라잡지 못하고 있지요. 왜냐하면 겨울철 별자리인 오리온자리는 전갈자리가 동쪽 하늘에서 떠오르면 서쪽 산 너머로 숨어 버리기 때문이랍니다.

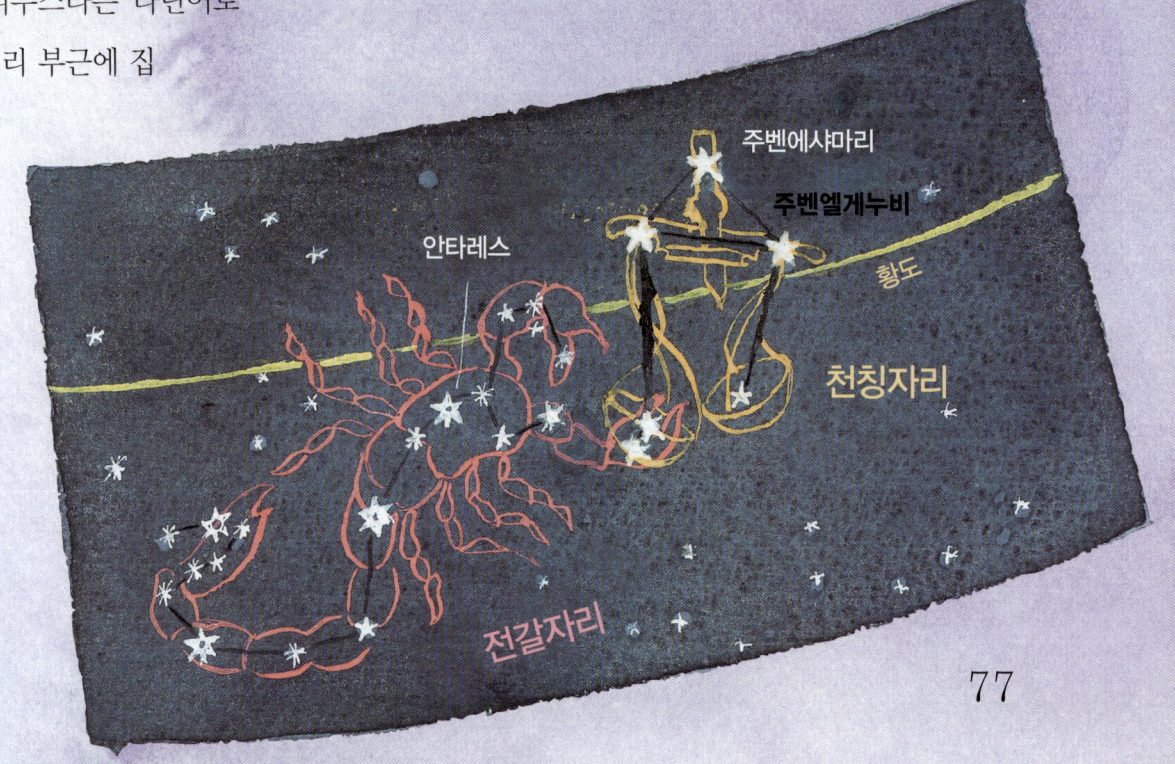

궁수자리

궁수자리는 전갈자리 다음에 오는 황도 12궁에 속하는 별자리예요. 궁수자리는 무서운 독충인 전갈을 잡기 위해 활을 겨누고 쫓아가고 형상이지요. 이 궁수자리의 주인공은 상반신은 인간의 모습이고, 하반신은 말의 형상을 한 반인반마의 켄타우르스인데, 이 역시 그리스 신화에 등장하는 족속이지요. 특히, 케이론은 사냥, 의술, 음악에 뛰어난 켄타우르스였고, 또 훌륭한 교육자였어요. 그리스 신화의 많은 영웅과 유명한 사람들 가운데 그의 제자가 많았다고 해요.

염소자리

게자리와 같이 염소자리는 찾기가 쉽지 않은 희미한 별자리예요. 그리스 신화에 따르면 전령의 신 헤르메스와 그의 아내 두리오페 사이에서 아이가 태어났는데, 머리에 염소뿔이 나 있고, 발도 염소 발이었지요. 올림푸스 신들은 아이를 귀여워해 판이라는 이름을 붙여 주었어요. 그러던 어느 날, 판은 요정 슈링크스와 사랑에 빠지고 말았지요. 그러나 슈링크스는 남자를 무서워해 판에게서 도망쳐 갈대가 되었답니다. 판은 그 갈대를 잘라 피리를 만들어 불면서 슈링크스를 그리워했다고 해요. 이를 안타깝게 여긴 제우스는 판을 하늘에 올려 염소자리로 만들어 주었답니다.

별 찾아보기

궁수자리와 염소자리는 8월에 찾기 쉬워요. 여러분은 낮은 하늘에서 이 두 가지의 별자리를 찾을 수 있을 거예요. 궁수자리는 전갈자리와 마주하고 있으며, 화살을 당기면서 활을 쏠 준비를 하고 있지요. 염소자리는 궁수자리의 뒤를 따라 달려가고 있답니다.

물병자리

가을 밤 하늘 높은 곳에서 남쪽물고기자리에 물을 붓고 있는 모습으로 나타나는 이 별자리는 염소자리와 물고기자리 사이에 위치하고 있어요. 그리스 신화에 따르면 이 물병자리는 제우스 신의 심부름꾼 가니메데가 메고 있는 보배로운 물병의 모습으로 나타나 있는데, 흘러 넘치는 물이 별들의 점을 따라 남쪽 물고기자리의 크게 벌린 입으로 흘러 들어가고 있는 형상이지요. 이집트·바빌로니아 등 고대 농업 국가에서는 성스러운 물병을 넘쳐 흐르는 물의 상징으로 여길 만큼 매우 중요한 별자리로 생각했답니다.

별 찾아보기

물병자리와 물고기자리는 9월에 보기 쉬워요. 별자리 표에서 확인해 보고 페가수스와 남반구 사이에서 물병자리와 물고기자리를 찾아보세요. 물병자리의 아래쪽에는 가을 하늘에 유일한 1등성인 남쪽물고기자리의 포말하우트가 자리잡고 있답니다.

물고기자리

물고기자리는 황도 12궁의 별자리 중에 마지막에 오는 12번째 별자리예요. 두 마리의 물고기가 끈으로 이어진 모습을 하고 있는 물고기자리는 그리스 신화에 따르면, 여신 아프로디테와 아들 에로스가 강가를 산책하고 있을 때 괴물 튜폰(100개의 화염이 날름거리는 머리를 갖고 있는 매우 두려운 존재였다고 해요)이 나타나 달아나다가 물 속으로 뛰어들어 물고기 모습이 되었다고 하지요. 특히 이 별자리를 구성하는 별들은 희미해서 발견하기가 쉽지 않답니다.

밤하늘 천체 관측 여행은 우리들에게 많은 정보와 여러 가지의 흥밋거리를 제공해 주었어요. 별과 행성과 혜성, 그리고 빛나는 많은 것들을 말이죠. 이제 여러분은 하늘에서 가장 빛나는 별을 혼자 힘으로 찾을 수 있을 거예요. 또 별자리와 관련된 신들의 이야기도 알게 되었지요. 그럼 지금부터 그 모든 지식을 모아 거대하고 광대한 우주 저 멀리 밤하늘 천체 여행을 떠나 볼까요?

여러분이 하늘에서 찾아볼 수 있는 수많은 별들은 별자리 표에 대략 제시되어 있어요. 만약 여러분이 이 책의 삽화에서 선택한 별자리를 별자리 표에서 찾을 수 있다면, 밤하늘에서 그 별자리를 찾는 데 많은 도움을 받을 수 있을 거예요. 밤하늘에는 이 책에서 우리가 보았던 별자리 이상으로 많은 것들이 있으니까요.

북쪽이 어느 방향인지를 일단 알게 되면, 그림에서 보았던 별들을 하늘에서도 볼 수 있는지 확인해 보세요. 아직 북쪽을 알 수 없다면 북두칠성을 찾은 다음, 북두칠성 근처에 있는 북극성을 찾으세요. 바로 그곳이 북쪽을 찾는 가장 좋은 방법이랍니다. 다음 페이지에는 1년을 통틀어 여러 각도에서 볼 수 있는 하늘의 그림이 있어요.

이 하늘의 그림은 항상 똑같지는 않아요. 그럼 왜 1년 동안에 다른 각도에서 밤하늘의 그림이 펼쳐질까요? 그것은 앞서 우리가 배웠듯이, 지구가 태양의 주위를 돌고 있기 때문이에요. 이는 하늘을 바라보는 1년 내내 우리가 우주의 각각 다른 부분들을 보고 있다는 것을 의미하지요. 지구가 태양의 주변을 1년 내내 돌고, 또 스스로 돌기 때문에 별의 배경도 변하는 것이랍니다.

봄 하늘 별자리

북쪽

카시오페아
안드로메다
백조자리
거문고자리
케페우스 자리
페르세우스
작은곰자리
용자리
헤라클레스
마부자리
북쪽왕관자리
큰곰자리
황소자리
쌍둥이자리
동쪽
양치기자리
게자리
서쪽
땅꾼자리
사자자리
오리온자리
천칭자리
큰개자리
처녀자리
까마귀자리
뱀자리
고물자리
켄타우로스
돛자리

남쪽

만약 별들이 태양을 돌면서 어떻게 변하는지를 알고 싶다면, 그것을 알아 볼 수 있는 방법이 있어요. 그것은 아주 간단하답니다. 먼저, 그림이 사방으로 펼쳐진 크고 넓고, 완전히 원으로 된 방에 서 있다고 상상해 보세요. 그런 다음 그 방을 빙글빙글 돌면서 벽을 보면 각각 다른 그림과 마주치게 되겠죠? 태양의 주위를 도는 지구도 이와 매우 비슷해요. 그래서 우리가 바라보는 하늘의 별도 천천히 위치가 변하는 것이지요. 그 결과 백조자리는 여름에 찾기가 쉽고, 오리온은 겨울 하늘에서 쉽게 발견할 수 있는 것이랍니다. 그러다가 태양의 주위를 한 바퀴 돌면 처음 시작했던 곳으로 돌아오며, 우리가 1년 전에 보았던 같은 별들을 볼 수 있게 되지요.

이렇게 지구가 태양의 주위를 돌기 때문에 여러분은 별들의 움직임을 볼 수 있어요. 이틀 밤 연속으로 밖으로 나가 보세요. 그리고 밤 8시 반에 뜰에 있는 가장 키가 큰 나무와 연관시킨 별이 어디 있는지를 확인해 보세요. 주의 깊게 관찰하면, 첫 번째 밤과 두 번째 밤, 별의 위치가 약간 달라져 있음을 알게 될 거예요.

매일 밤, 별들은 그 전날 밤보다 4분 일찍 하늘로 떠올라요(그리고 4분 일찍 별자리 배치가 완성되지요). 그러면 1주일 후에는 그 전 주보다 별이 30분 정도 일찍 떠오르겠지요(정확히 28분). 한 달 후 에는, 어떤 별이든 2시간 먼저 하늘로 떠오르게 된답니다. 그리고 1년 후에는 어떻게 될지 추측해 보세요. 12개월 곱하기 2시간은 24시간이니 딱 하루가 되겠죠? 이게 바로 오늘 밤 여러분이 1년 전 밤에 보았던 것과 똑같은 별을 볼 수 있는 이유랍니다.

별들이 매 시간 위치가 달라지는 데는 태양을 공전하는 지구보다 별의 움직임에 더 많은 이유가 있습니다. 지구는 끊임없이 축을 기준으로 24시간 자전한다는 것을 기억하고 있겠죠? 이 그림은 특별한 날이 아닌 규칙적인 시간에 볼 수 있는 대표적인 별들이랍니다. 한 시간 후에 지구는 조금 회전할 것이고, 하늘도 다르게 보일 거예요. 북극성에 가까운, 거의 움직이지 않는 별들을 제외한 대부분의 별들은 서쪽으로 약간 미끄러지듯이 이동을 하는 것이지요. 해가 동쪽에서 떠서 서쪽으로 지는 것처럼 별들도 뜨고 진답니다.

그렇다면 왜 북극성은 움직이지 않는 것처럼 보일까요? 이미 배웠듯이, 북극성은 북쪽을 가리키는 별이에요. 그것은 우리가 지구에서 바라볼 때, 항상 북쪽에서 발견된다는 것만 봐도 알 수 있답니다. 남극에서 시작한 지구의 축을 지구 핵의 정중앙을 통과하도록 일직선으로 그려 보면, 북극을 지나 하늘로 올라가게 돼요. 그리고 그 선은 북극성과 이어지지요.

지구는 축을 중심으로 돌아요. 별들이 정해진 진로를 따라서 밤하늘을 가로지르는 것처럼 보이는 이유이지요. 이렇게 원 안에 별들이 여행을 하기 위해 나타나고 행성이 회전함으로써, 24시간 후에는 시작했던 지점보다 다소 바뀐 위치로 다시 돌아오는 거예요. 여러분이 머리 위로 우산을 들고 있다고 생각하고, 그 우산의 손잡이를 천천히 돌려 보세요. 우산의 가장자리는 주변에 원을 그리며 돌아가겠죠? 하지만 우산의 중심은 머리 위에서 그대로 머물러 있어요. 북극성도 이렇게 정확히 머리의 중앙에 머물러 있는 것이랍니다. 물론 실제로는 하늘이 아니라 우리가 움직이고 있다는 것을 잊지 말아야겠죠.

어렇게 지구는 둥글기 때문에 장소를 바꾸면 별의 위치도 바뀌게 돼요. 하늘은 행성 주위의 모든 방향을 둘러싸고 있으며, 각각의 지점에서 보면 다른 경관이 펼쳐지는 것이지요. 북극에서는 북극성이 여러분의 머리 위에서 빛이 날 거예요. 하지만 여러분이 적도를 향하여 남쪽으로 여행을 할 때, 북극성은 지평선을 향해 멀리 멀리 미끄러져 내려가지요. 그리고 여러분이 적도에 도달하는 그 시점에서는 북극성을 전혀 볼 수가 없게 될 거예요. 이 지점에서 별은 머리 위 하늘의 중앙으로부터 90도가 되는 위치에 있으며, 지평선 부근에 있을 테니까요(앞서 각도에 대해 배운 것을 기억하나요?).

남쪽 지평선에서 북쪽 지평선에 이르는 하늘 전체의 경관은 180도예요. 그러나 우리는 160도 정도만 볼 수가 있지요. 우리는 양쪽 지평선에서 약 10도 정도씩 시야를 잃게 된답니다(양쪽 합해서 20도). 지구의 대기 때문에 별빛이 희미해지거나 흩어지기 때문이지요. 적도 아래에서는 북극성을 볼 수 없는 것처럼, 여러분이 북극에 다가가면 볼 수 없는 별과 별자리들이 있어요. 대표적으로 남십자성이라는 별자리는 북극에서 찾아보기가 매우 어려운 별자리이지요(사실 대부분의 적도 위쪽에서는 볼 수가 없답니다). 반면, 호주나 뉴질랜드처럼 적도 아래에 위치한 나라에서는 남십자성을 찾기가 매우 쉽답니다. 이로써 왜 이들 나라의 국기에 남십자성이 새겨져 있는지를 알 수 있겠죠?

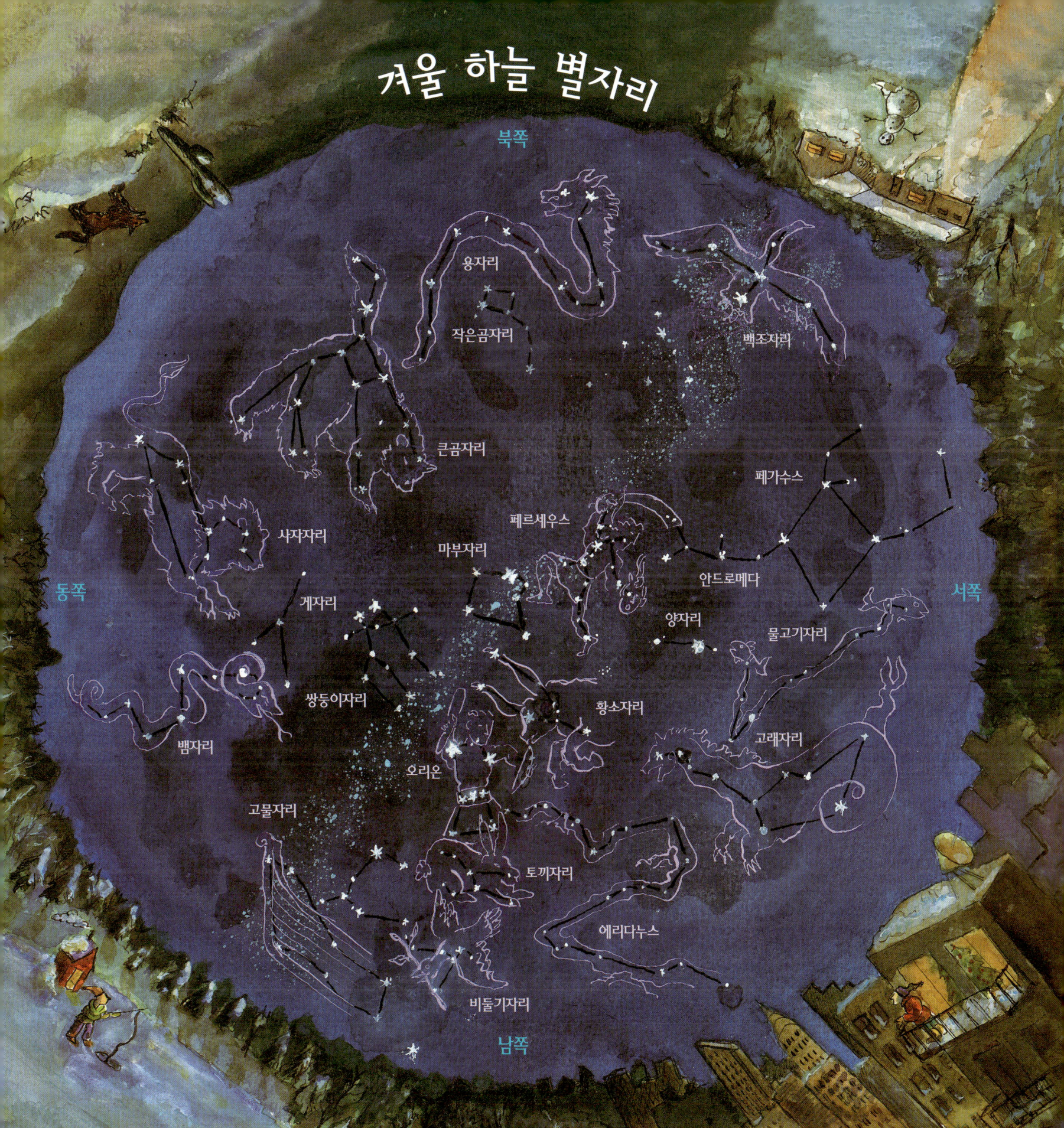

별 보기에서 집으로 돌아가기

우리는 이제 막 우주를 지나는 여행의 끝에 다다랐어요. 여러분은 지금껏 우주와 별에 대해 많은 것들을 배웠습니다. 하지만 기억해 두세요! 우리는 단지 우주의 많은 신비로운 것들의 실타래를 풀기 시작했을 뿐이라는 사실을……!

여러분은 블랙홀, 중력, 그리고 전설이 되어 버린 X행성 등 아직도 궁금한 것들이 많을 거예요.

어쩌면 여러분은 모른다는 것조차도 모르고 있을 수도 있어요. 그리고 옛날에 배웠던 궁금함과 대답이 떠오를 때마다 새로운 수수께끼가 생겨나겠죠. 하지만 너무 실망하지는 마세요. 언젠가는 여러분이 그런 의문들을 풀어내는 사람이 될지도 모르니까요. 그 때까지 여러분들은 별자리 연구, 혜성과 황도의 관찰, 전 세계 나라들이 연구하고 있는 우주에의 도전 등 되도록 많은 학습과 경험을 쌓아야 할 거예요. 이것들은 지구를 둘러싼 드넓은 우주에서 가장 흥미로운 일들 중의 하나일 테니까요. 우리는 여전히 많은 것들을 배워야 하며, 매일 매일 새로운 비밀들을 풀어나가야 한다는 것을 잊지 마세요.

우주의 역사

기원전 2000년 거대한 돌기둥이 무리를 지어 큰 원 모양으로 세워져 있는 스톤헨지는 영국의 윌트셔에 있습니다. 누가 어떤 이유로 이를 축조하였는지는 알 수 없지만, 과학자들은 이 구조물이 태양과 달의 움직임을 관찰하는 데 이용되었을 것으로 추측한답니다.

기원전 500년 ~ 400년 그리스 천문학자들은 별과 행성을 연구하였습니다. 또한 별, 행성과 지구의 관계를 연구하였습니다. 피타고라스와 그의 제자들은 사람들에게 지구가 둥글다고 가르쳤으며, 프톨레미는 행성의 움직임을 연구했고, 아리스토텔레스는 수세기에 걸쳐 천문학자들이 만든 귀중한 업적들을 모았습니다.

기원전 400년 이집트 인들은 우리가 지금 연구할 수 있도록 돌에 태양과 달의 움직임을 기록해 두었습니다. 또한 이 돌들은 그 이전의 하늘 관찰자들이 수집한 정보들을 담고 있습니다.

기원전 350년 중국의 천문학자 쉬 쉬엔은 최초로 알려진 별 목록에 800개의 별을 기록하여 두었습니다.

1,000년 아랍의 천문학자 알 수피는 자신의 별 목록에 있는 수백 개의 별들에 관한 정보를 기록하였습니다. 그리고 최초로 안드로메다 성운을 발견하였습니다.

1543년 니콜라스 코페르니쿠스는 지구와 다른 행성들이 태양의 주위를 돌고 있다는 혁신적인 이론을 제시하였습니다. 그러나 사람들은 그의 말을 믿지 않았지요.

1600년 덴마크의 천문학자 타이초 브라흐(Tycho Brahe)는 태양이 지구의 주위를 돌고 있는지를 조사해 보았습니다. 그의 조수 요한 케플러(Johannes Kepler)는 행성들이 황도를 따라 태양의 주위를 돌고 있다는 사실을 알아내는 데 큰 역할을 해냈습니다.

1609년 이탈리아의 천문학자 갈릴레오 갈릴레이는 망원경을 완성하고, 행성이 태양의 주위를 돌고 있다는 것을 증명하는 데 자신이 만든 망원경을 이용했습니다. 지구가 태양의 주위를 돌고 있다는 그의 주장은 성경의 가르침에 어긋난다고 하여, 그는 큰 곤경에 빠지기도 했습니다.

1682년 에드몬드 핼리는 혜성을 추적한 끝에 대략적으로 76년마다 출현한다는 것을 알아냈습니다. 이는 혜성이 태양의 주위를 돌고 있음을 의미합니다(1758년 혜성이 예정대로 다시 나타났을 때, 이를 '핼리 혜성'이라고 명명하였습니다).

1687년 이야기에 따르면 아이작 뉴턴은 머리 위로 떨어지는 사과 열매를 맞고서 중력을 알게 되었다고 합니다.

1774년 천문학자 샤를 메시에는 성운과 성단에 관한 일람표를 발표하였습니다. 이것들은 비공식적인 '메시에 오브젝트'로 알려졌으며, 그것들을 식별하기 위하여 이름의 첫자를 따서 사용하고 있습니다. 즉 아드로메다 성운을 M31이라고도 한답니다.

1789년 1782년에 천왕성을 발견한 '윌리엄 허셀'은 토성 연구와 쌍성의 조사, 수천 개의 새로운 성운의 발견, 그리고 다른 많은 우주의 신비를 풀기 위해 거대한 망원경을 축조하였습니다.

1864년 윌리엄의 아들 '존 프레데릭 허셀'은 알려지지 않은 많은 성운을 소개한 자신만의 일람표를 발표하였습니다(그의 이모와 윌리엄의 여동생인 캐롤라인은 저명한 천문학자였고, 8개의 혜성을 발견했습니다).

1918년 이 해에 켈리포니아에서 후커 망원경이 가동되기 시작했습니다. '에드윈 허블'은 이 망원경을 이용하여 빅뱅 이론을 완성하는 데 많은 도움을 주었습니다.

1926년 미국인 과학자 '로버트 고다드'는 우주 여행의 가능성을 여는, 최초로 액체연료를 사용한 현대적인 로켓을 쏘아 올렸습니다.

1930년 아리조나의 천문학자인 '클라이드 톰보'는 태양계에서 가장 멀리 떨어져 있는 소행성 134340을 발견하였습니다.

1957년 구 소련은 지구 궤도를 선회하는 첫 우주선 '스푸트니크 1호'를 쏘아 올립니다.

1961년 구 소련의 우주 비행사인 '유리 가가린'은 우주를 여행한 최초의 인류입니다. 미국인 '엘런 세퍼드'가 채 1개월도 지나지 않아 그의 뒤를 따랐습니다.

1962년 존 글렌은 지구를 선회한 첫 번째 미국인입니다. 그는 5시간도 걸리지 않는 시간에 3번이나 지구를 선회하였습니다.

1962년 우주탐사선 '마리너 2호'는 금성을 지나 계속해서 우주 여행을 하였습니다. 6개의 다른 마리너 탐사선은 금성, 화성, 그리고 수성을 다음 10년에 걸쳐 탐험을 하게 됩니다.

1969년 미국의 우주 비행사 닐 암스트롱은 달 표면에 발을 디딘 최초의 인류가 되었습니다.

1971년 구 소련은 '살유트'라는 최초의 우주정거장을 설치합니다. 미국도 2년 후에 우주정거장 '스카이랩'을 설치하게 됩니다.

1972년 최초로 두 개의 탐사선 '파이오니아 호'가 목성을 향해 발사되었습니다. 파이오니아 호는 화성과 목성 사이의 소행성 지대를 통과하여 탐험을 한 최초의 우주선이랍니다.

1977년 탐사선 '보이저 호'는 목성, 토성, 천왕성, 해왕성과 그 너머를 탐험하기 위해 태양으로부터 멀어져 갔습니다.

1981년 미국은 최초로 우주왕복선 '콜롬비아 호'를 발사하였습니다. 최대 열 명의 우주비행사가 탑승할 수 있으며, 1주일 이상 우주에 머문 다음, 원형 그대로 지구로 귀환하는 우주왕복선이랍니다.

1986년 두 번째 우주왕복선 '첼린저 호'가 이륙하자마자 폭발하여 7명의 우주비행사가 사망합니다.

1990년 허블 망원경이 지구 궤도로 발사되어 지구에서 보던 것보다 훨씬 더 선명한 우주의 모습을 제공하고 있습니다.

1994년 이 해에 다국적 우주정거장의 건설작업이 시작되어 지금까지도 계속 건설되고 있습니다.

1997년 미국은 탐사선 '소저너 호'를 '패스파인더' 우주선에 탑재하여 화성으로 보냅니다. 소저너는 화성의 표면을 탐사하며 3개월 동안 자료를 수집하고 사진을 보내왔습니다(그러나 어떤 화성인과도 마주치지 않았답니다).

1998년 존 글렌은 77세의 나이로 우주왕복선 '디스커버리 호'를 타고 우주 여행을 떠났습니다. 최초로 지구를 선회했던 이 미국인은 우주에서 가장 나이가 많은 사람이 되었습니다.

2003년 우주왕복선인 '콜롬비아 호'는 우주에서 16일을 머문 후, 지구로 돌아오기 위해 대기권에 진입하는 순간 공중 폭발하고 말았습니다. 안타깝게도 콜롬비아 호에 타고 있던 7명의 우주비행사도 모두 사망하였답니다.

2003년 '보이저 1호'는 지구에서 128억 킬로미터나 떨어진 태양계의 가장자리에 도달하였습니다. 보이저 1호는 성간 공간에 진입한 최초의 인공 물체가 되었습니다.

지금으로부터 300,000년 후 보이저 1호는 밤하늘에서 가장 밝은 별인 시리우스를 5광년 이내의 거리까지 다가갈 것입니다.

태양계 행성 찾아보기

아래에 행성을 찾아보기에 가장 좋았던 시간들을 제시하여 두었습니다. 여러분과 지평선 사이에 아무런 장애물이 없는 매우 넓은 우주를 바라보세요. 수성과 금성은 태양이 진 직후에 가장 보기 쉽습니다(혹은 동이 트기 바로 직전의 새벽). 이 두 행성을 보기 위해서는 나무나 건물들이 없이 시야가 트인 서쪽 지평선을 확보하는 것이 중요합니다. 화성과 목성, 그리고 토성을 찾는 가장 쉬운 방법은 아래에 나열된 별자리를 찾는 것입니다.

평선 부근에서 금성을 찾아 보세요.
2004년 1월에서 6월
2005년 5월에서 12월
2006년 1월과 12월
2007년 1월에서 7월
2008년 9월에서 12월

 ### 수성

수성은 태양에서 가장 가깝다는 것을 기억하세요. 이것이 수성을 보기 어렵게 하는 이유입니다(태양 빛이 너무 강하기 때문에). 그래서 수성을 보기 가장 좋은 시기는 태양이 진 직후나 태양이 떠오르기 직전입니다. 태양이 지평선 바로 밑에 있는 시기랍니다. 서쪽 지평선 위로 수성을 보세요.
2004년 3월말과 4월 초순
2005년 3월 초순
2006년 2월 말에서 6월 중순과 말
2007년 1월 말에서 2월 초, 5월 말에서 6월 초
2008년 1월 초순, 5월 초순

 ### 금성

금성은 아주 밝습니다. 하늘에서 달 주변에 있는 어떤 별보다도 더 밝지요. 따라서 여러분은 그것을 찾는 데 어려움을 겪지 않을 거예요. 수성처럼 금성의 궤도도 태양으로부터 멀리 떨어져 있지 않습니다. 해가 진 후 서쪽 지

 ### 화성

화성도 태양에서 멀지 않은 곳에 있습니다. 그러나 어떤 때에는 별자리를 통과하는, 방랑하는 화성을 볼 수 있답니다. 다음은 태양 주위에서 황도를 따라 이동하는 화성의 길이었답니다.
2004년 물고기자리(1월에서 2월), 물병자리(3월), 황소자리(4월에서 5월)
2005년 염소자리(4월), 물병자리(5월), 물고기자리(6월에서 7월), 양자리(8월에서 12월)
2006년 양자리(1월), 황소자리(2월에서 3월), 쌍둥이자리(4월에서 5월)
2007년 물병자리(4월), 물고기자리(5월에서 6월), 양자리(8월에서 9월) 황소자리(2월에서 3월), 쌍둥이자리(4월에서 5월)
2008년 쌍둥이자리(1월), 황소자리(2월에서 3월), 쌍둥이자리(4월에서 5월), 게자리(6월에서 7월), 사자자리(8월)

목성
이 가장 큰 행성을 보기에 가장 좋은 시기는 다음과 같은 별자리를 통과할 때입니다. 바로 일몰 후와 서쪽 지평선 위랍니다.

2004년 사자자리(1월에서 8월)
2005년 처녀자리(1월에서 9월)
2006년 처녀자리와 천칭자리가 만나는 지점(5월에서 10월)
2007년 전갈자리(6월에서 11월)
2008년 궁수자리(7월에서 12월)

토성
망원경을 사용하지 않고서는 토성의 띠를 발견할 수 없어요. 그러나 여러분은 토성이 황도의 별자리를 통과할 때 볼 수 있답니다.

2004년 쌍둥이자리
2005년 쌍둥이자리(1월에서 6월)
2006년 게자리(1월에서 5월)
2007년 사자자리(1월에서 5월)
2008년 사자자리(1월에서 5월)

혜성 따라잡기
여러분이 만약 2062년까지 기다린다면 지구 위 하늘에 또 다른 길을 내는 핼리 혜성을 발견할 수 있을 것입니다. 만약 여러분이 정말로 참을성이 많다면, 다음 방문 예정인 4397년에 헤이봅 혜성을 만날 수도 있을 것입니다. 그러나 다른 혜성이 그 전에 지나가겠죠. 우리는 다음 번이 언제일지 모르지만, 천문학자들은 이를 쉽게 알아낸답니다. 그리고 그것을 널리 알려 주지요. 혜성들이 하늘 밖으로 사라져 버리기 전에 우리에게 준비할 시간을 주려는 것입니다. 천문학 잡지를 보거나 웹사이트를 찾아보세요.

타이탄의 충돌
지금이나 앞으로나 두 개 이상의 행성이 서로 지나가다 겹쳐지는 것을 '합'이라고 해요. 이 때는 행성들을 관찰하는 데 있어서 매우 흥미로운 시기입니다. 한 번에 두 행성(또는 그 이상의)을 볼 수 있기 때문이지요! 일몰 후에 두 행성이 근접할 때를 잘 포착하세요.

2005년 6월 25일 금성, 수성과 토성
2006년 6월 17일 토성과 화성(보너스 : 그들은 벌통 은하수 바로 옆으로 지나친다)
2007년 7월 1일 금성과 토성
2008년 12월 1일 금성과 목성
2008년 12월 31일 목성과 수성

'유성'에 대한 시도
앞에서 설명했듯이 유성은 소나기처럼 쏟아지는 기간에 가장 잘 볼 수 있습니다. 여기 최고의 것들 중 절정일 때의 대략적인 날짜가 있습니다.

1월 3일 쿼드랜티즈 유성
8월 12일 페르시즈 유성
12월 14일 젬미니즈 유성
5월 5일 에타 아쿠아리즈 유성
7월 29일 델타 아쿠아리즈 유성
10월 21일 오리오니즈 유성
12월 22일 어시즈 유성